2023

中国火炬统计年鉴

CHINA TORCH STATISTICAL YEARBOOK

科学技术部火炬高技术产业开发中心 编

Edited By
Torch High Technology Industry
Development Center
Ministry of Science & Technology

图书在版编目（CIP）数据

中国火炬统计年鉴. 2023 = China Torch Statistical Yearbook 2023 : 汉英对照 / 科学技术部火炬高技术产业开发中心编. -- 北京 : 中国统计出版社, 2023. 12
ISBN 978-7-5230-0301-5

Ⅰ. ①中… Ⅱ. ①科… Ⅲ. ①高技术产业－统计资料－中国－2023－年鉴－汉、英 Ⅳ. ①F279.244.4-54

中国国家版本馆 CIP 数据核字(2023)第 202329 号

中国火炬统计年鉴 2023

作　　者/科学技术部火炬高技术产业开发中心
责任编辑/郭　栋　李　冲
封面设计/李雪燕
出版发行/中国统计出版社有限公司
通信地址/北京市丰台区西三环南路甲 6 号　邮政编码/100073
电　　话/邮购（010）63376909　书店（010）68783171
网　　址/http://www.zgtjcbs.com
印　　刷/河北鑫兆源印刷有限公司
经　　销/新华书店
开　　本/880×1230mm　1/16
字　　数/280 千字
印　　张/11.25
版　　别/2023 年 12 月第 1 版
版　　次/2023 年 12 月第 1 次印刷
定　　价/180.00 元

《中国火炬统计年鉴 2023》
CHINA TORCH STATISTICAL YEARBOOK 2023

编辑委员会
Editorial Board

编者说明

《中国火炬统计年鉴 2023》是由科学技术部火炬高技术产业开发中心编撰的反映国家高新区、高新技术企业、科技企业孵化器、众创空间、特色产业基地、技术市场等相关内容的统计资料书。全书收录了全国各省、自治区、直辖市、计划单列市及副省级城市科技管理部门和各国家高新区 2022 年度的相关火炬统计资料。

全书内容共分十一个部分。第一部分为国家高新技术产业开发区内企业的情况；第二部分为全国高新技术企业的情况；第三部分为科技企业孵化器的情况；第四部分为众创空间的情况；第五部分为国家大学科技园的发展情况；第六部分为国家火炬软件产业基地的发展情况；第七部分为国家火炬特色产业基地的发展情况；第八部分为创新型产业集群的发展情况；第九部分为全国技术市场发展情况；第十部分为国家技术转移机构发展情况；第十一部分为主要指标解释。

本书所涉及的全国性统计数据，除技术合同外，均未包括香港、澳门特别行政区和台湾省数据。

本书所涉及东部、中部、西部和东北地区的具体划分为：

东部地区：包括北京、天津、河北、上海、江苏、浙江、福建、山东、广东和海南共 10 个省、直辖市；中部地区：包括山西、安徽、江西、河南、湖北和湖南共 6 个省；西部地区：包括内蒙古、广西、重庆、四川、贵州、云南、西藏、陕西、甘肃、青海、宁夏和新疆共 12 个省、自治区、直辖市；东北地区：包括辽宁、吉林和黑龙江共 3 个省。

本书中使用的符号："空格"表示该项统计指标数据不足本表最小单位数、数据不详或无该数据；"#"表示其中的主要项；"/"表示数据未提供，"*"或"①"表示本表下有注解。

本书中因小数取舍而产生的误差均未做配平处理。

EDITOR'S NOTES

China Torch Statistical Yearbook 2023 is a statistical data book compiled by Torch High Technology Industry Development Center, which reflects relevant contents of national high-tech zones, high-tech enterprises, science and technology business incubators, mass innovation spaces, characteristic industrial bases, technology markets, etc. The book contains the relevant torch statistics of the science and technology management departments of provinces, municipalities directly under the Central Government, autonomous regions, cities specifically designated in the state plan and sub provincial cities and national high-tech zones in 2022.

The book is divided into eleven parts. The first part is about the enterprises in the National High Technology Industrial Development Zones (National Hi-tech Zones); The second part is the situation of high technology enterprises in China; The third part is the situation of technology business incubators (TBIS); The fourth part is the situation of mass maker spaces; The fifth part is the development of the National University Science Parks; The sixth part is the development of National Torch Software Industrial Bases; The seventh part is the development of the national torch specialized industrial bases; The eighth part is the development of innovative industrial clusters; The ninth part is the development of the technology market in China; The tenth part is the development of national technology transfer centers; The eleventh part is the explanatory notes on main indicators.

Except for the technical contract, the national statistical data involved in this book do not include the data of Hong Kong, Macao Special Administrative Region and Taiwan Province.

The eastern, central, western and northeastern regions involved in this book are specifically divided into:

Eastern region with 10 provinces (municipalities) includes: Beijing, Tianjin, Hebei, Shanghai, Jiangsu, Zhejiang, Fujian, Shandong, Guangdong and Hainan; Central region with 6 provinces includes: Shanxi, Anhui, Jiangxi, Henan, Hubei and Hunan; Western region with 12 provinces (autonomous regions and municipalities) includes: Inner Mongolia, Guangxi, Chongqing, Sichuan, Guizhou, Yunnan, Tibet, Shaanxi, Gansu, Qinghai, Ningxia and Xinjiang; Northeastern region with 3 provinces includes: Liaoning, Jilin and Heilongjiang.

The symbol used in this book: "space" means that the statistical index data are insufficient to the minimum number of units in this table, the data are unknown or there are no such data; "#" indicates the main item; "/" indicates that the data are not provided, and "*" or "①" indicates that there are notes under this table.

In this book, the errors caused by decimals are not balanced.

目　录

Contents

第一部分　国家高新技术产业开发区

THE FIRST PART　NATIONAL HIGH TECHNOLOGY INDUSTRIAL DEVELOPMENT ZONES （NATIONAL HI-TECH ZONES）

第二部分　全国高新技术企业
THE SECOND PART　HIGH TECHNOLOGY ENTERPRISES IN CHINA

第三部分 科技企业孵化器
THE THIRD PART TECHNOLOGY BUSINESS INCUBATORS (TBIS)

第四部分 众创空间
THE FOURTH PART MASS MAKER SPACES

第五部分　国家大学科技园
THE FIFTH PART　NATIONAL UNIVERSITY SCIENCE PARKS

第六部分 国家火炬软件产业基地
THE SIXTH PART NATIONAL TORCH SOFTWARE INDUSTRIAL BASES

第七部分 国家火炬特色产业基地
THE SEVENTH PART NATIONAL TORCH SPECIALIZED INDUSTRIAL BASES

第八部分 创新型产业集群
THE EIGHTH PART INNOVATIVE INDUSTRIAL CLUSTERS

第九部分 全国技术市场
THE NINTH PART TECHNOLOGY MARKET IN CHINA

第十部分 国家技术转移机构
THE TENTH PART NATIONAL TECHNOLOGY TRANSFER CENTERS

第十一部分　主要指标解释

THE ELEVENTH PART　EXPLANATORY NOTES ON MAIN INDICATORS

第一部分

国家高新技术产业开发区

The First Part

National High Technology Industrial Development Zones (National Hi-Tech Zones)

1-1 高新区企业主要经济指标①

Main Economic Indicators of Enterprises in National Hi-tech Zones

年 份 Year	国家高新区数② (个) Number of National S & T Industrial Parks (unit)	入统企业数 (个) Number of Enterprises to Collect Data (unit)	年末从业人员 (万人) Year End Number of Employees (10000 persons)	营业收入③ (亿元) Operating Revenue (100 million yuan)	工业总产值 (亿元) Gross Industrial Output Value (100 million yuan)	净利润 (亿元) Net Profit (100 million yuan)	上缴税额 (亿元) Taxes Submitted (100 million yuan)	出口创汇 (亿美元) Export (100 million USD)
1995	52	12980	99.1	1529.0	1402.6	107.4	69.0	29.3
1996	52	13722	129.1	2300.3	2142.3	140.5	97.7	43.0
1997	53	13681	147.5	3387.8	3109.2	206.6	143.3	64.8
1998	53	16097	183.7	4839.6	4333.6	256.2	220.8	85.3
1999	53	17498	221.0	6775.0	5944.0	398.7	338.6	119.0
2000	53	20796	250.9	9209.3	7942.0	597.0	460.2	185.8
2001	53	24293	294.3	11928.4	10116.8	644.6	640.4	226.6
2002	53	28338	348.7	15326.4	12937.1	801.1	766.4	329.2
2003	53	32857	395.4	20938.7	17257.4	1129.4	990.0	510.2
2004	53	38565	448.4	27466.3	22638.9	1422.8	1239.6	823.8
2005	53	41990	521.2	34415.6	28957.6	1603.2	1615.8	1116.5
2006	53	45828	573.7	43320.0	35899.0	2128.5	1977.1	1361.0
2007	54	48472	650.2	54925.2	44376.9	3159.3	2614.1	1728.1
2008	54	52632	716.5	65985.7	52684.7	3304.2	3198.7	2015.2
2009	56	53692	810.5	78706.9	61151.4	4465.4	3994.6	2007.2
2010	83	55243	960.3	105917.3	84318.2	6855.4	5446.8	2648.0
2011	88	57033	1073.6	133425.1	105679.6	8484.2	6816.7	3180.6
2012	105	63926	1269.5	165689.9	128603.9	10243.2	9580.5	3760.4
2013	114	71180	1460.2	199648.9	151367.6	12443.6	11043.1	4133.3
2014	115	74275	1527.2	226754.5	169936.9	15052.5	13202.1	4351.4
2015	146	82712	1719.0	253662.8	186018.3	16094.8	14240.0	4732.7
2016	146	91093	1805.9	276559.4	196838.7	18535.1	15609.3	4389.5
2017	156	103631	1940.7	307057.5	202826.6	21420.4	17251.2	4780.7
2018	169	120057	2091.6	346213.9	222525.5	23918.1	18650.5	5631.2
2019	169	141147	2213.5	385549.4	240262.0	26097.4	18594.3	5997.2
2020	169	165357	2383.5	427998.1	256355.8	30442.3	18625.9	6484.4
2021	169	181541	2506.8	495096.1	293432.8	35862.0	21267.5	8078.7
2022	177	205848	2614.5	533617.7	313992.8	37845.5	22738.0	8775.6

注：①本年鉴中高新区企业的各项指标指纳入火炬统计的高新区内企业的各项指标。
②苏州工业园区于2006年开始参加国家高新区创新活动并纳入火炬统计，但2006-2017年国家高新区整体数不包含苏州工业园区。从2018年起，国家高新区数据包含苏州工业园区数据。
③2014年进一步规范了报表制度指标及定义，增加了“营业收入”的指标，取消了“总收入”的指标。此列2014年以前所列数据为企业“总收入”汇总数据。

1-2　高新区企业主要经济指标(按地区分类)

Main Economic Indicators of Enterprises in National Hi-tech Zones by Region

地　区　Region	国家高新区数量(个) Number of National Hi-tech Zones (unit)	工商注册企业数(个) Number of Registered Enterprises (unit)	入统企业数(个) Number of Enterprises to Collect Data (unit)	高新技术企业数(个) Number of Hi-tech Enterprises (unit)	年末从业人员(人) Year End Number of Employees (person)	营业收入(千元) Operating Revenue (1000 yuan)	工业总产值(千元) Gross Industrial Output Value (1000 yuan)
合　计　Total	**177**	**5146982**	**205848**	**138752**	**26145059**	**53361771922**	**31399280485**
东部地区　Eastern Region	70	3081553	130689	88809	16251298	34253285274	18020904057
中部地区　Middle Region	49	1018400	35694	24508	4833749	9365256977	6792590562
西部地区　Western Region	42	807872	28698	18027	4036757	7646994547	4960038048
东北地区　Northeast Region	16	239157	10767	7408	1023255	2096235125	1625747818
北　京　Beijing	1	551398	24671	16378	2790189	8746294233	1319042972
天　津　Tianjin	1	60615	4496	2917	235542	570760494	163664326
河　北　Hebei	5	78032	4360	2366	430649	744450598	492432584
山　西　Shanxi	2	49432	1910	1168	189906	444863643	280898712
内蒙古　Inner Mongolia	3	37265	725	344	215445	623585443	429229023
辽　宁　Liaoning	8	137649	6782	4664	574023	971243043	761629120
吉　林　Jilin	5	52292	2090	1390	254340	616555823	560419882
黑龙江　Heilongjiang	3	49216	1895	1354	194892	508436259	303698816
上　海　Shanghai	2	145050	16535	13188	2021252	4636982531	1624553627
江　苏　Jiangsu	18	845092	28876	17793	3060031	5625465329	4337481677
浙　江　Zhejiang	8	345931	10874	7916	1570283	2842146654	2072316675
安　徽　Anhui	8	145041	5438	4022	715619	1717688940	1250982859
福　建　Fujian	7	64025	5888	4028	774740	1126048059	911262094
江　西　Jiangxi	9	74632	3183	1444	545910	1259115651	1193032453
山　东　Shandong	13	300598	9628	6859	1563647	3169413557	2286275390
河　南　Henan	9	307329	6703	4043	823191	1266351970	947960921
湖　北　Hubei	12	319658	12282	9266	1674593	3127284787	2115722284
湖　南　Hunan	9	122308	6178	4565	884530	1549951986	1003993334
广　东　Guangdong	14	675055	24874	17059	3757883	6674257649	4769772314
广　西　Guangxi	4	77445	3049	1910	466365	798348251	514503972
海　南　Hainan	1	15757	487	305	47082	117466170	44102398
重　庆　Chongqing	4	140599	3343	2200	516877	803812015	692975274
四　川　Sichuan	8	264328	7358	5243	946306	1696268565	1175829700
贵　州　Guizhou	3	20968	1481	764	249701	348839598	212299026
云　南　Yunnan	3	32023	900	516	146203	451322836	337898698
西　藏　Tibet①	1	14094	52	52	5412	9693545	7279807
陕　西　Shaanxi	7	152437	9258	5927	985920	1804600571	1211727845
甘　肃　Gansu	2	14572	1076	560	199749	372804065	174898809
青　海　Qinghai	1	3974	109	66	11953	6854076	4493057
宁　夏　Ningxia	2	7266	318	64	30161	48082803	37450918
新　疆　Xinjiang	4	42901	1029	381	262665	682782779	161451920

注：①由于拉萨高新区未导入企业，该处“按地区分类”数据为后期导入区内高企数据(下同)。

1-2 续表 continued

单位：千元 (1000 yuan)

地区	Region	净利润 Net Profit	上缴税费 Taxes Submitted	出口总额 Export	年末资产 Year End Assets	年末负债 Year End Liabilities
合计	**Total**	**3784547874**	**2273796251**	**5902574971**	**93832753967**	**55557511813**
东部地区	Eastern Region	2390383403	1342888135	4265697877	63248178604	37536582282
中部地区	Middle Region	653248496	340280926	720378268	13789556032	8131587355
西部地区	Western Region	605381069	414864236	797004220	13907457499	8108506734
东北地区	Northeast Region	135534906	175762955	119494605	2887561833	1780835443
北京	Beijing	624050166	326897119	320226351	19874661506	12192387103
天津	Tianjin	26699367	20497379	36796601	948814191	515208064
河北	Hebei	63020621	43471266	34840131	1498141054	989758772
山西	Shanxi	20815079	16088436	2763339	702979465	479971976
内蒙古	Inner Mongolia	43058372	27717838	15126343	714008088	396989398
辽宁	Liaoning	60248052	56623245	102609232	1344490896	792821596
吉林	Jilin	62968136	76281325	5549239	921416181	571781381
黑龙江	Heilongjiang	12318718	42858384	11336134	621654756	416232467
上海	Shanghai	310829971	189559806	533218726	8573898682	4380314090
江苏	Jiangsu	364707926	213921574	1092390296	9185546281	5363277317
浙江	Zhejiang	223503347	133598769	368188500	4255073139	2099814942
安徽	Anhui	129551365	75549564	218681089	2419920489	1499464012
福建	Fujian	70214484	31227624	158031478	1314304896	682016273
江西	Jiangxi	84555354	57398749	145895388	1202222728	619172315
山东	Shandong	211813747	115381356	363188749	4224576669	2414891517
河南	Henan	88139363	43002546	81934613	1748890558	1038723769
湖北	Hubei	241340227	95041904	180612027	4937861665	2776219752
湖南	Hunan	88847109	53199727	90491812	2777681127	1718035530
广东	Guangdong	490586908	261383096	1355288208	13251660721	8827913632
广西	Guangxi	38133736	21669216	96747047	1058831323	687766921
海南	Hainan	4956868	6950145	3528839	121501465	71000572
重庆	Chongqing	47955600	24463234	129741845	942466783	532943034
四川	Sichuan	188769508	80602504	433927668	2997827647	1623824306
贵州	Guizhou	10874121	12783513	9626826	1494757358	971328538
云南	Yunnan	24981699	69318130	6423284	690914019	343223263
西藏	Tibet	1859625	1039176	75080	21143837	10623456
陕西	Shaanxi	174632514	121298135	97579723	3692492798	2261865467
甘肃	Gansu	15538326	25474638	2525448	618525197	339127152
青海	Qinghai	127695	449328	43666	14322386	6358286
宁夏	Ningxia	1957119	1504693	2132127	67138435	40260991
新疆	Xinjiang	57492754	28543830	3055162	1595029628	894195922

1-3　各高新区企业主要经济指标

Main Economic Indicators of Enterprises in National Hi-tech Zones

地　区	Region	工商注册企业数(个) Number of Registered Enterprises (unit)	入统企业数(个) Number of Enterprises to Collect Data (unit)	高新技术企业数(个) Number of Hi-tech Enterprises (unit)	年末从业人员(人) Year End Number of Employees (person)	营业收入(千元) Operating Revenue (1000 yuan)	工业总产值(千元) Gross Industrial Output Value (1000 yuan)
合　计	**Total**	**5146982**	**205848**	**138752**	**26145059**	**53361771922**	**31399280485**
北京中关村	Beijing Zhongguancun	551398	24671	16378	2790189	8746294233	1319042972
天津滨海	Tianjin Binhai	60615	4496	2917	235542	570760494	163664326
石家庄	Shijiazhuang	29348	2530	1177	213120	345372397	210148834
唐　山	Tangshan	10090	451	285	22904	25438389	12959671
保　定	Baoding	22557	941	669	146015	281620180	205291203
承　德	Chengde	4616	157	82	18901	24341180	18719905
燕　郊	Yanjiao	11421	281	153	29709	67678452	45312970
太　原	Taiyuan	38746	1691	1039	145214	385847739	239962697
长　治	Changzhi	10686	219	129	44692	59015904	40936015
呼和浩特	Hohhot	2194	67	44	89928	218388110	108488282
包　头	Baotou	33675	557	247	115282	387114224	304403463
鄂尔多斯	Erdos	1396	101	53	10235	18083110	16337279
沈　阳	Shenyang	48449	2006	1710	154257	207715867	134156170
大　连	Dalian	52783	3553	2399	266630	462496357	359949703
鞍　山	Anshan	2986	486	147	47461	101604943	87659357
本　溪	Benxi	1582	94	51	9083	6745595	5283513
锦　州	Jinzhou	5963	190	98	25308	35328859	28400985
营　口	Yingkou	11419	184	144	22144	58125783	54605394
阜　新	Fuxin	3291	209	74	24537	29249158	25187097
辽　阳	Liaoyang	11176	60	41	24603	69976480	66386900
长　春	Changchun	20301	952	813	140125	461235334	437959821
长春净月	Changchun Jingyue	24045	616	476	36965	39235123	16746238
吉　林	Jilin	5486	282	45	55278	81004480	74075851
通　化	Tonghua	1682	107	28	12891	15560857	12791757
延　吉	Yanji	778	133	28	9081	19520030	18846214
哈尔滨	Harbin	40427	1239	928	100541	277249107	104178293
齐齐哈尔	Qiqihar	2014	180	109	30463	54113915	47183459
大　庆	Daqing	6775	476	317	63888	177073237	152337064
上海张江	Shanghai Zhangjiang	138931	16252	12970	1977423	4530541656	1596223630
上海紫竹	Shanghai Zizhu	6119	283	218	43829	106440874	28329997
南　京	Nanjing	262068	9874	6494	727655	1250986679	785253996
无　锡	Wuxi	62889	1825	1284	301885	575822439	496405976
江　阴	Jiangyin	50046	661	425	109724	247025339	230476708
徐　州	Xuzhou	9257	649	274	79052	204010030	166104267
常　州	Changzhou	62354	2153	1081	241978	409616411	326147613
武　进	Wujin	19704	905	601	171625	328499350	195579529
苏　州	Suzhou	61565	2306	1357	236859	460102464	359928169
昆　山	Kunshan	51812	1477	1030	200592	260355146	237133988
苏州工	Suzhou Industrial Park	115732	4061	2483	333458	748800701	624187111
常　熟	Changshu	12503	697	360	86224	174084816	159836767
南　通	Nantong	8160	599	328	110837	275629643	160283511
连云港	Lianyungang	5037	318	193	54943	84272107	91196785
淮　安	Huai'an	30604	400	350	57014	68874758	69373883
盐　城	Yancheng	34001	1011	461	95882	128464796	52212834

1-3 续表 1 continued

地区	Region	工商注册企业数（个）Number of Registered Enterprises (unit)	入统企业数（个）Number of Enterprises to Collect Data (unit)	高新技术企业数（个）Number of Hi-tech Enterprises (unit)	年末从业人员（人）Year End Number of Employees (person)	营业收入（千元）Operating Revenue (1000 yuan)	工业总产值（千元）Gross Industrial Output Value (1000 yuan)
扬　州	Yangzhou	9625	442	322	45124	60178050	57836177
镇　江	Zhenjiang	12978	554	331	61573	103527001	92243742
泰　州	Taizhou	32694	683	282	104092	184550098	175433482
宿　迁	Suqian	4063	261	137	41514	60665501	57847136
杭　州	Hangzhou	98778	3541	2314	461429	975242250	552129686
萧山临江	Xiaoshan Linjiang	67590	1615	1005	206228	380385487	302522019
宁　波	Ningbo	66325	2529	2110	361157	702324694	523280438
温　州	Wenzhou	32309	970	848	192713	200540460	194334896
嘉　兴	Jiaxing	18962	214	128	69191	123979091	104977972
莫干山	Moganshan	8943	422	292	63495	94522832	82223202
绍　兴	Shaoxing	46291	769	529	88650	130437999	105963033
衢　州	Quzhou	6733	814	690	127420	234713841	206885430
合　肥	Hefei	65887	3308	2479	371811	880353437	593476334
芜　湖	Wuhu	22072	471	447	107921	245482478	227136296
蚌　埠	Bengbu	5366	219	150	50766	130098599	42813409
淮　南	Huainan	4803	192	58	18142	28703268	11821638
马鞍山慈湖	Ma'anshan Cihu	21494	348	218	44561	192483759	137245011
铜陵狮子山	Tongling Shizishan	16518	161	108	16933	61482869	52984915
安　庆	Anqing	3589	188	148	26857	40860957	41030676
滁　州	Chuzhou	5312	551	414	78628	138223573	144474579
福　州	Fuzhou	17317	1205	1123	147128	213000255	131570553
厦　门	Xiamen	19843	2520	1526	301445	478677987	364394965
莆　田	Putian	3309	290	149	72351	132129294	95382563
三　明	Sanming	1348	129	43	20466	43363886	46500128
泉　州	Quanzhou	14026	751	612	116819	89870550	104676088
漳　州	Zhangzhou	4802	783	445	91859	131892170	131741962
龙　岩	Longyan	3380	210	130	24672	37113917	36995835
南　昌	Nanchang	21817	855	602	175031	491253394	453379513
景德镇	Jingdezhen	4304	323	142	58686	97047993	96379890
九江共青城	Jiujiang Gongqing City	12603	268	73	27829	40984126	36572984
新　余	Xinyu	11064	308	97	82539	169828568	175371313
鹰　潭	Yingtan	5010	232	90	26319	110650146	103859326
赣　州	Ganzhou	5549	511	242	57025	112235757	100322953
吉　安	Ji'an	1685	197	44	45880	68065826	65193604
宜春丰城	Yichun Fengcheng	1679	252	73	30203	81041431	79580857
抚　州	Fuzhou	10921	237	81	42398	88008411	82372013
济　南	Jinan	84763	2415	2036	345449	776222388	470983789
青　岛	Qingdao	56092	2321	1974	238430	580654463	386473109
淄　博	Zibo	20915	788	555	175432	325997425	319294439
枣　庄	Zaozhuang	6746	197	85	20452	34705201	12505787
黄河三角洲	Huanghe Delta	1132	56	12	4245	35065721	20669198
烟　台	Yantai	20037	490	320	55108	90501899	59241335
潍　坊	Weifang	22656	733	507	251705	517620028	378802078
济　宁	Jining	36601	632	283	159550	315579077	237625744
泰　安	Tai'an	10349	490	232	59758	95469884	77471448

1-3 续表 2 continued

地 区	Region	工商注册企业数（个） Number of Registered Enterprises (unit)	入统企业数（个） Number of Enterprises to Collect Data (unit)	高新技术企业数（个） Number of Hi-tech Enterprises (unit)	年末从业人员（人） Year End Number of Employees (person)	营业收入（千元） Operating Revenue (1000 yuan)	工业总产值（千元） Gross Industrial Output Value (1000 yuan)
威 海	Weihai	20668	483	368	131619	189463932	142343468
莱 芜	Laiwu	8780	311	218	34402	83345279	54989395
临 沂	Linyi	10828	449	204	65045	96718844	98349794
德 州	Dezhou	1031	263	65	22452	28069416	27525805
郑 州	Zhengzhou	244546	3360	2374	288803	445291047	225627836
洛 阳	Luoyang	13784	1407	934	213947	333196178	309300976
平 顶 山	Pingdingshan	4991	212	117	31048	73838217	43930643
安 阳	Anyang	9184	401	103	84212	140507633	124885756
新 乡	Xinxiang	7208	405	158	58331	82237116	71759480
焦 作	Jiaozuo	3617	295	130	33613	60823554	55271787
许 昌	Xuchang	467	64	42	5450	7184466	6395099
南 阳	Nanyang	12227	441	136	84902	74103415	63488488
信 阳	Xinyang	11305	118	49	22885	49170343	47300855
武 汉	Wuhan	144791	5715	5396	628182	1309473629	462955514
黄石大冶湖	Huangshi Dayehu	17634	546	325	76928	128550608	118397188
宜 昌	Yichang	15362	819	687	149556	300846411	237340429
襄 阳	Xiangyang	25896	1123	559	220887	403128298	382139711
荆 门	Jingmen	15762	607	420	111515	211242651	195510576
孝 感	Xiaogan	18832	700	381	119324	188924085	152024620
荆 州	Jingzhou	6407	130	50	17439	24052637	23128735
黄 冈	Huanggang	12565	1042	694	102799	154667787	146835547
咸 宁	Xianning	25453	578	370	82754	170139193	172779117
随 州	Suizhou	10347	381	164	52892	85491018	90220409
仙 桃	Xiantao	13976	434	126	78731	83602682	81097411
潜 江	Qianjiang	12633	207	94	33586	67165788	53293027
长 沙	Changsha	56339	2973	2455	374238	606885572	246316062
宁 乡	Ningxiang	411	155	116	30119	79951122	63773157
株 洲	Zhuzhou	21214	688	565	179702	337366963	263421722
湘 潭	Xiangtan	7650	485	323	94938	174785290	152737376
衡 阳	Hengyang	11121	437	360	57352	95530522	59788053
常 德	Changde	2338	535	186	50819	78317838	75166803
益 阳	Yiyang	9490	478	228	60227	102310043	97958127
郴 州	Chenzhou	7408	221	165	23713	61424117	33540270
怀 化	Huaihua	6337	206	167	13422	13380520	11291766
广 州	Guangzhou	201080	6136	3964	807712	1504568844	825413886
深 圳	Shenzhen	247920	8729	5975	1350703	2461283803	1651678975
珠 海	Zhuhai	11835	2075	1261	292857	393176459	300327948
汕 头	Shantou	3208	301	248	27254	29977932	24310538
佛 山	Foshan	85456	2307	1851	359904	570644694	459648897
江 门	Jiangmen	17766	990	798	123653	157961343	160871375
湛 江	Zhanjiang	13652	223	176	35138	240065235	228723056
茂 名	Maoming	3578	187	113	25801	69573677	51337447
肇 庆	Zhaoqing	4013	411	313	70556	135714009	118181927
惠 州	Huizhou	30205	1111	900	239702	321575259	276242272

1-3 续表 3 continued

地　区	Region	工商注册企业数（个）Number of Registered Enterprises (unit)	入统企业数（个）Number of Enterprises to Collect Data (unit)	高新技术企业数（个）Number of Hi-tech Enterprises (unit)	年末从业人员（人）Year End Number of Employees (person)	营业收入（千元）Operating Revenue (1000 yuan)	工业总产值（千元）Gross Industrial Output Value (1000 yuan)
源　城	Yuancheng	4902	193	115	54258	57605156	54189743
清　远	Qingyuan	17035	254	197	65317	109758998	90407991
东　莞	Dongguan	13274	1062	632	157106	424462612	340607497
中　山	Zhongshan	21131	895	516	147922	197889628	187830762
南　宁	Nanning	35131	1231	874	181833	317568257	124958523
柳　州	Liuzhou	4921	753	562	118222	239174351	206168330
桂　林	Guilin	34784	891	405	116596	120326216	105070025
北　海	Beihai	2609	174	69	49714	121279427	78307093
海　口	Haikou	15757	487	305	47082	117466170	44102398
重　庆	Chongqing	110889	2126	1512	283239	481654428	390316847
璧　山	Bishan	20184	479	351	88779	99634660	87180664
荣　昌	Rongchang	7239	374	148	59754	78043201	77333081
永　川	Yongchuan	2287	364	189	85105	144479726	138144681
成　都	Chengdu	205395	4854	4269	512469	923144673	530680237
自　贡	Zigong	13535	499	125	65264	77474933	73922784
攀枝花	Panzhihua	4686	230	59	42900	101725006	78025814
泸　州	Luzhou	6358	444	166	60326	119224280	96839022
德　阳	Deyang	5342	295	120	49616	86726043	75336380
绵　阳	Mianyang	13713	489	318	121820	189931435	118375008
内　江	Neijiang	2783	206	84	29644	38727612	38535451
乐　山	Leshan	12516	341	102	64267	159314583	164115004
贵　阳	Guiyang	17873	1103	606	196423	282440092	143635200
遵　义	Zunyi	902	153	81	25305	40733384	41290493
安　顺	Anshun	2193	225	77	27973	25666122	27373333
昆　明	Kunming	20051	656	409	103547	313596270	202005812
玉　溪	Yuxi	4676	140	60	28838	105704618	106402285
楚　雄	Chuxiong	7296	104	47	13818	32021948	29490600
拉　萨	Lhasa	14094	52	52	5412	9693545	7279807
西　安	Xi'an	101984	6966	5072	646541	1128050961	705888706
宝　鸡	Baoji	16542	937	356	164785	228547586	212109668
杨　凌	Yangling	8917	238	87	24025	34418971	19283932
咸　阳	Xianyang	4697	208	160	40613	101925231	92670856
渭　南	Weinan	6233	232	85	26593	57377419	48754558
榆　林	Yulin	8150	395	111	46133	188659223	102449491
安　康	Ankang	5914	282	56	37230	65621179	30570634
兰　州	Lanzhou	12321	770	465	129755	221560165	83959005
白　银	Baiyin	2251	306	95	69994	151243900	90939804
青　海	Qinghai	3974	109	66	11953	6854076	4493057
银　川	Yinchuan	6944	185	27	13019	23489850	15046295
石嘴山	Shizuishan	322	133	37	17142	24592953	22404624
乌鲁木齐	Urumqi	36986	515	219	199336	526069008	45094153
克拉玛依	Kelamayi	1295	159	50	22571	16548998	9220863
昌　吉	Changji	2898	254	51	12156	37081900	19828253
新疆兵团	Xinjiang Corps	1722	101	61	28602	103082872	87308651

1-3 续表 4 continued

单位：千元 (1000 yuan)

地区	Region	净利润 Net Profit	上缴税费 Taxes Submitted	出口总额 Export	年末资产 Year End Assets	年末负债 Year End Liabilities
合计	**Total**	**3784547874**	**2273796251**	**5902574971**	**93832753967**	**55557511813**
北京中关村	Beijing Zhongguancun	624050166	326897119	320226351	19874661506	12192387103
天津滨海	Tianjin Binhai	26699367	20497379	36796601	948814191	515208064
石家庄	Shijiazhuang	42123457	22842426	12004789	918090432	596248059
唐山	Tangshan	2097354	2644235	1156090	32830685	15971456
保定	Baoding	13031011	13007471	20790354	411951492	277390079
承德	Chengde	1338845	916357	194993	36950981	21588582
燕郊	Yanjiao	4429954	4060777	693905	98317465	78560596
太原	Taiyuan	10530108	9442017	2053411	591380746	415119806
长治	Changzhi	10284971	6646419	709928	111598719	64852170
呼和浩特	Hohhot	14467467	15033606	1121268	194316773	103150958
包头	Baotou	24311426	11958049	10795834	454669526	255471810
鄂尔多斯	Erdos	4279478	726183	3209242	65021788	38366630
沈阳	Shenyang	11939371	6850923	10627645	390397779	212467272
大连	Dalian	27449214	23853979	67380754	510670803	317697538
鞍山	Anshan	15287298	7818355	4388710	103993892	53781571
本溪	Benxi	75480	437155	377007	11427204	6858656
锦州	Jinzhou	2280062	1116549	5108269	51354979	28132913
营口	Yingkou	911869	1783408	8244602	101839255	53537892
阜新	Fuxin	2980359	965888	1946367	44149030	25330088
辽阳	Liaoyang	-675601	13796988	4535878	130657954	95015667
长春	Changchun	50626040	49381389	2897142	497466809	304194803
长春净月	Changchun Jingyue	4293182	2084901	1019087	304430956	214319139
吉林	Jilin	6038895	12834202	793657	58654232	26822226
通化	Tonghua	2841897	1054198	602950	44757183	18827804
延吉	Yanji	-831878	10926635	236404	16107002	7617410
哈尔滨	Harbin	5636923	17462089	3104514	387518663	243300176
齐齐哈尔	Qiqihar	7658441	3465304	3313355	106800413	85155116
大庆	Daqing	-976646	21930992	4918265	127335680	87777174
上海张江	Shanghai Zhangjiang	284721752	183602205	525662877	8350719661	4293463389
上海紫竹	Shanghai Zizhu	26108219	5957601	7555850	223179021	86850700
南京	Nanjing	62712970	44312544	136357669	1979066367	1139315844
无锡	Wuxi	41427657	20721296	175570271	738074816	347103170
江阴	Jiangyin	12704198	7991077	33158425	322834805	181267393
徐州	Xuzhou	19022617	7941411	9966120	135912271	74610451
常州	Changzhou	28310475	14019479	65852976	632499471	344124731
武进	Wujin	12104296	15558472	31444059	758928219	537003966
苏州	Suzhou	23189463	13590146	190810355	703204715	392362287
昆山	Kunshan	11633229	8399257	72261201	352973903	201155460
苏州工	Suzhou Industrial Park	70312359	32919207	246297022	1689269682	1054784570
常熟	Changshu	5062773	5244576	33267273	199932280	110911665
南通	Nantong	28314628	11117559	33952785	177097839	92865233
连云港	Lianyungang	15159717	5916773	3668725	172501210	66327776
淮安	Huaian	3980511	3088181	5739795	83986174	39434445
盐城	Yancheng	6044324	4243940	11955044	682178655	466334118

1-3 续表 5 continued

单位：千元 (1000 yuan)

地　区	Region	净利润 Net Profit	上缴税费 Taxes Submitted	出口总额 Export	年末资产 Year End Assets	年末负债 Year End Liabilities
扬　州	Yangzhou	3553405	2017979	8640569	79136283	42055578
镇　江	ZhenJiang	4744266	2611978	7955037	148941889	88432082
泰　州	Taizhou	13827968	11766258	20892427	252053443	142838756
宿　迁	Suqian	2603071	2461440	4600544	76954257	42349791
杭　州	Hangzhou	90131761	51036422	76199355	1711033017	836828728
萧山临江	Xiaoshan Linjiang	18488971	12618853	49668070	527062912	286501487
宁　波	Ningbo	62089552	43258986	129329975	949426796	455867144
温　州	Wenzhou	15936039	7401930	28778860	305225997	133876691
嘉　兴	Jiaxing	11543967	4368003	26285574	182134397	77040748
莫干山	Moganshan	7011354	3704139	18325316	122989175	60006431
绍　兴	Shaoxing	5477517	4457324	19271373	190128468	101419899
衢　州	Quzhou	12824186	6753112	20329977	267072377	148273813
合　肥	Hefei	90410025	49434849	154885588	1377606418	856434976
芜　湖	Wuhu	11029774	7268349	39883116	331569317	201077995
蚌　埠	Bengbu	3870116	5427400	2942114	255426672	191599407
淮　南	Huainan	2498313	749189	275485	60886572	28516180
马鞍山慈湖	Ma'anshan Cihu	6830562	5289619	5262504	191660416	121682694
铜陵狮子山	Tongling Shizishan	1997074	1695021	3809260	33725836	15991460
安　庆	Anqing	1964314	2156554	2789126	47783881	21254981
滁　州	Chuzhou	10951188	3528582	8833896	121261378	62906321
福　州	Fuzhou	12115994	6549070	18132733	272793452	134849553
厦　门	Xiamen	31184377	13567484	111462010	652661502	337103913
莆　田	Putian	8849217	3170410	6741068	71910067	36070309
三　明	Sanming	1612334	491448	1650835	23443355	14297574
泉　州	Quanzhou	5152691	3142616	9260925	135734678	74445183
漳　州	Zhangzhou	9497535	3418434	10104140	108222892	56321493
龙　岩	Longyan	1802336	888163	679765	49538949	28928248
南　昌	Nanchang	14544226	29882614	50597594	500651351	267439630
景德镇	Jingdezhen	4100831	2163767	10786013	125225985	84046901
九江共青城	Jiujiang Gongqing City	3828512	957081	1880063	28728616	12773261
新　余	Xinyu	27405969	6856818	27161191	204007271	84278189
鹰　潭	Yingtan	8281565	3508153	4730302	52731556	17406244
赣　州	Ganzhou	6051876	3417440	6521982	110278676	59862903
吉　安	Ji'an	6388575	1593534	40285183	45314446	24395067
宜春丰城	Yichun Fengcheng	6143197	5270238	1632094	62102561	29695928
抚　州	Fuzhou	7810603	3749105	2300968	73182266	39274193
济　南	Jinan	70196692	16459376	60628954	1064720623	616967218
青　岛	Qingdao	40389200	21021672	93921701	897849510	521752750
淄　博	Zibo	25810483	24900379	31111364	378690338	197484013
枣　庄	Zaozhuang	1983555	1152677	3185698	48178441	36255260
黄河三角洲	Huanghe Delta	490149	2600116	121220	41621601	26722048
烟　台	Yantai	5964301	3465799	8723897	183991770	112426155
潍　坊	Weifang	11788710	14804735	96928911	648430781	402966494
济　宁	Jining	17588577	14077302	16819648	373686025	192446455
泰　安	Tai'an	7000375	3495249	3563569	142251951	88561794

1-3 续表 6 continued

单位：千元 (1000 yuan)

地区	Region	净利润 Net Profit	上缴税费 Taxes Submitted	出口总额 Export	年末资产 Year End Assets	年末负债 Year End Liabilities
威海	Weihai	20284346	7736202	36868448	281952371	119100608
莱芜	Laiwu	1256795	1478265	4289066	70347040	40982926
临沂	Linyi	8196453	3438820	4289466	50554912	27566152
德州	Dezhou	864111	750765	2736807	42301304	31659645
郑州	Zhengzhou	24620780	11361490	39657731	633024879	401537079
洛阳	Luoyang	20230036	12268860	15417399	511940967	298902798
平顶山	Pingdingshan	6306105	2282550	5069180	122169429	70330622
安阳	Anyang	8340963	8032499	2292616	163534656	112111094
新乡	Xinxiang	11722955	2933681	5450526	70128176	25088605
焦作	Jiaozuo	7699778	2476669	6344685	102340335	58498398
许昌	Xuchang	593889	344845	48394	10120675	4854855
南阳	Nanyang	7669462	2841333	6567274	111164846	52498138
信阳	Xinyang	955395	460620	1086807	24466594	14902182
武汉	Wuhan	100366444	35226126	93090141	3080102518	1737919723
黄石大冶湖	Huangshi Dayehu	8551809	5893591	3662599	262726702	140311275
宜昌	Yichang	27629588	11514515	21614457	439764821	264173961
襄阳	Xiangyang	37812365	11196179	13288029	285720983	159921507
荆门	Jingmen	15318855	5715236	11804438	218385026	123082084
孝感	Xiaogan	12640897	6580905	4281462	161087116	88852822
荆州	Jingzhou	1360622	467070	1747228	20524548	11929251
黄冈	Huanggang	10057774	5910763	4650122	156145546	85870811
咸宁	Xianning	14185119	6336140	8286039	105987490	51527474
随州	Suizhou	5872098	2053900	7979059	73092062	35533815
仙桃	Xiantao	5026414	2095741	8660279	70942774	33861808
潜江	Qianjiang	2518240	2051739	1548174	63382081	43235221
长沙	Changsha	31929805	20618279	41542862	1296382485	818259634
宁乡	Ningxiang	4320792	2000147	4349971	76555690	49077340
株洲	Zhuzhou	16414605	14172540	10751683	832672860	516257295
湘潭	Xiangtan	13068173	6508591	8762876	198962698	127652622
衡阳	Hengyang	4549923	2443588	14121041	162903896	91620160
常德	Changde	4753760	2092349	1080651	95163681	56024673
益阳	Yiyang	5474584	3907669	5957126	61265506	27432660
郴州	Chenzhou	7261891	972896	3726037	36425813	20356545
怀化	Huaihua	1073577	483667	199566	17348498	11354602
广州	Guangzhou	105207731	61664531	149286929	3283738833	1981880280
深圳	Shenzhen	204353224	86428745	657536904	6434606140	4715616398
珠海	Zhuhai	39271119	17015165	89923893	732664138	461574492
汕头	Shantou	2516971	811595	3775193	49666224	19218357
佛山	Foshan	39825241	19505576	115320004	754267061	426773348
江门	Jiangmen	10274961	6394593	46730640	187170710	95698872
湛江	Zhanjiang	14163826	39358182	18908016	235497403	147187154
茂名	Maoming	609645	1992180	2213778	54428872	31418055
肇庆	Zhaoqing	2543699	2529013	8140264	165398273	103141027
惠州	Huizhou	29212695	6546250	113452714	443969605	268640052

1-3 续表 7 continued

单位：千元 (1000 yuan)

地 区	Region	净利润 Net Profit	上缴税费 Taxes Submitted	出口总额 Export	年末资产 Year End Assets	年末负债 Year End Liabilities
源 城	Yuancheng	3402706	1346927	9357155	48820858	25689659
清 远	Qingyuan	6221178	2320768	8882351	163049901	116230542
东 莞	Dongguan	25195282	9164109	64619691	465887560	317903026
中 山	Zhongshan	7788630	6305462	67140676	232495145	116942369
南 宁	Nanning	13013382	7432925	51523945	453876046	315747484
柳 州	Liuzhou	3833408	6280530	20574863	374571657	244036761
桂 林	Guilin	9020240	5688684	11199982	156448496	91955637
北 海	Beihai	12266706	2267077	13448256	73935124	36027039
海 口	Haikou	4956868	6950145	3528839	121501465	71000572
重 庆	Chongqing	19629153	12178998	112590952	603400649	337365011
璧 山	Bishan	7117551	2620186	9405038	101352977	70237529
荣 昌	Rongchang	7537314	3799620	3064796	63806796	26005168
永 川	Yongchuan	13671582	5864429	4681060	173906361	99335326
成 都	Chengdu	108215972	41599464	380429133	1960915357	1051848469
自 贡	Zigong	5301447	2297479	2655442	145610215	76805317
攀枝花	Panzhihua	8182042	3225146	831036	167957401	92150924
泸 州	Luzhou	15951575	13680206	2388859	139033806	62109089
德 阳	Deyang	6094215	2398895	1105568	70269509	45411914
绵 阳	Mianyang	1345458	5476409	35969895	274082013	185397176
内 江	Neijiang	3305912	1105900	1288704	39869427	23914403
乐 山	Leshan	40372888	10819006	9259032	200089919	86187014
贵 阳	Guiyang	9636345	10585530	8030379	1401157397	909575337
遵 义	Zunyi	1035273	1181120	1041977	44207742	30464261
安 顺	Anshun	202503	1016864	554471	49392219	31288940
昆 明	Kunming	14062502	10089535	5875920	491002904	291983377
玉 溪	Yuxi	9727293	58777041	362613	175697159	36439923
楚 雄	Chuxiong	1191904	451554	184751	24213955	14799963
拉 萨	Lhasa	1859625	1039176	75080	21143837	10623456
西 安	Xi'an	110372879	65627518	74745781	2754504369	1739726691
宝 鸡	Baoji	8633599	14759822	7133294	284338049	188304292
杨 凌	Yangling	2334480	1208328	553715	68149358	41859114
咸 阳	Xianyang	1811685	12777737	9817839	135673076	69659472
渭 南	Weinan	5754431	1592571	3747885	68589276	26386943
榆 林	Yulin	33681878	23001028	242074	336978305	175683762
安 康	Ankang	12043562	2331130	1339136	44260364	20245194
兰 州	Lanzhou	12503644	20232360	2069759	469027102	257515617
白 银	Baiyin	3034682	5242277	455688	149498096	81611535
青 海	Qinghai	127695	449328	43666	14322386	6358286
银 川	Yinchuan	204439	713867	438455	29555386	21246535
石嘴山	Shizuishan	1752680	790826	1693672	37583050	19014455
乌鲁木齐	Urumqi	29644408	17634664	631079	1319791972	773585389
克拉玛依	Kelamayi	233587	622634	1284	24769024	14635633
昌 吉	Changji	2774109	980046	2067486	95746974	43818335
新疆兵团	Xinjiang Corps	24840650	9306486	355314	154721659	62156565

1-4 各高新区企业收入情况

Revenue Statistics of Enterprises in National Hi-tech Zones

单位：千元 (1000 yuan)

地　区	Region	营业收入 Operating Revenue	技术收入 Technical Income	产品销售收入 Product Sales Income	商品销售收入 Commodity Sales Income
合　计	**Total**	**53361771922**	**7395470038**	**36747237288**	**4999343413**
北京中关村	Beijing Zhongguancun	8746294233	2250257838	2067612140	2461671064
天津滨海	Tianjin Binhai	570760494	75616911	272960962	58305418
石家庄	Shijiazhuang	345372397	76580901	232862041	30592769
唐　山	Tangshan	25438389	1564757	12394755	9111892
保　定	Baoding	281620180	10296753	258638940	2807154
承　德	Chengde	24341180	1466086	21801204	146571
燕　郊	Yanjiao	67678452	2547518	43441482	705030
太　原	Taiyuan	385847739	15926895	355049369	6042051
长　治	Changzhi	59015904	609834	55768953	554881
呼和浩特	Hohhot	218388110	653831	211609172	146794
包　头	Baotou	387114224	21167160	354615960	2559494
鄂尔多斯	Erdos	18083110	421902	16751036	261662
沈　阳	Shenyang	207715867	59631169	138396845	3366185
大　连	Dalian	462496357	32001008	393624675	24899326
鞍　山	Anshan	101604943	15297413	82591556	966998
本　溪	Benxi	6745595	191793	6447543	30404
锦　州	Jinzhou	35328859	331468	32849996	349768
营　口	Yingkou	58125783	1121243	54628246	33553
阜　新	Fuxin	29249158	972552	26863381	254611
辽　阳	Liaoyang	69976480	73654	67147765	485770
长　春	Changchun	461235334	5714695	430489323	19718111
长春净月	Changchun Jingyue	39235123	2242121	31037123	3585506
吉　林	Jilin	81004480	2933653	75664982	99433
通　化	Tonghua	15560857	169697	11028851	3975206
延　吉	Yanji	19520030	194128	18843882	366129
哈尔滨	Harbin	277249107	25074951	207212772	37999548
齐齐哈尔	Qiqihar	54113915	321069	47588022	4237281
大　庆	Daqing	177073237	5746808	167231924	1602269
上海张江	Shanghai Zhangjiang	4530541656	981631026	2829696831	455718050
上海紫竹	Shanghai Zizhu	106440874	23485544	74563301	6179816
南　京	Nanjing	1250986679	239619395	921926815	46011645
无　锡	Wuxi	575822439	17829988	541279149	6356330
江　阴	Jiangyin	247025339	4138900	225063717	1582441
徐　州	Xuzhou	204010030	1681928	173122240	16526590
常　州	Changzhou	409616411	21670128	361321326	7314475
武　进	Wujin	328499350	7129166	198358419	107184839
苏　州	Suzhou	460102464	40001905	389696814	23448295
昆　山	Kunshan	260355146	3245510	243075863	4023632
苏州工	Suzhou Industrial Park	748800701	88204379	633108491	12468279
常　熟	Changshu	174084816	1972321	165300615	1958739
南　通	Nantong	275629643	6658894	263513103	3195197
连云港	Lianyungang	84272107	2285383	79703906	849381
淮　安	Huaian	68874758	149018	65623924	1071827
盐　城	Yancheng	128464796	5946352	81570389	23792787

单位：千元 (1000 yuan)

地区	Region	营业收入 Operating Revenue	技术收入 Technical Income	产品销售收入 Product Sales Income	商品销售收入 Commodity Sales Income
扬州	Yangzhou	60178050	2239306	55924562	288470
镇江	ZhenJiang	103527001	1918147	93487144	5813260
泰州	Taizhou	184550098	934355	175053681	4487831
宿迁	Suqian	60665501	7866493	50186983	626082
杭州	Hangzhou	975242250	255771514	639155198	50721285
萧山临江	Xiaoshan Linjiang	380385487	9563380	330787353	18897243
宁波	Ningbo	702324694	55724076	540841706	79124506
温州	Wenzhou	200540460	3986433	189560925	1270393
嘉兴	Jiaxing	123979091	1169699	109448651	6486410
莫干山	Moganshan	94522832	2137798	84145186	6227601
绍兴	Shaoxing	130437999	8206450	100601010	1411006
衢州	Quzhou	234713841	1583682	217212610	6826305
合肥	Hefei	880353437	210869844	600981206	26669631
芜湖	Wuhu	245482478	2228646	229570879	3711558
蚌埠	Bengbu	130098599	718590	118230884	6454712
淮南	Huainan	28703268	1233300	24135446	1319747
马鞍山慈湖	Ma'anshan Cihu	192483759	30462589	136536971	402494
铜陵狮子山	Tongling Shizishan	61482869	813099	58334046	450234
安庆	Anqing	40860957	950006	37736477	358862
滁州	Chuzhou	138223573	158771	134321581	605718
福州	Fuzhou	213000255	26777507	171343957	8304875
厦门	Xiamen	478677987	39813001	364207324	45154037
莆田	Putian	132129294	964727	98209603	26321571
三明	Sanming	43363886	35636	42839636	302685
泉州	Quanzhou	89870550	1013656	84982103	1654280
漳州	Zhangzhou	131892170	765910	128312042	932283
龙岩	Longyan	37113917	5581727	30652576	217432
南昌	Nanchang	491253394	23945936	439972538	3555657
景德镇	Jingdezhen	97047993	4558971	90509432	534833
九江共青城	Jiujiang Gongqing City	40984126	2492637	37226597	956044
新余	Xinyu	169828568	4871843	163690637	483028
鹰潭	Yingtan	110650146	1313040	104276895	4232764
赣州	Ganzhou	112235757	1520011	104933671	3616236
吉安	Ji'an	68065826	453221	66393068	669116
宜春丰城	Yichun Fengcheng	81041431	227943	78735943	1173957
抚州	Fuzhou	88008411	881744	86176592	463274
济南	Jinan	776222388	63288461	686785538	9798874
青岛	Qingdao	580654463	58125260	468883825	29272642
淄博	Zibo	325997425	12138622	300083919	2616449
枣庄	Zaozhuang	34705201	3985573	22356006	6749750
黄河三角洲	Huanghe Delta	35065721	21950	29309463	5292698
烟台	Yantai	90501899	5085024	69089029	13848313
潍坊	Weifang	517620028	6393617	469983620	19791496
济宁	Jining	315579077	1120047	262928779	43263230
泰安	Tai'an	95469884	7091729	83831157	187026

1-4 续表 2 continued

单位：千元 (1000 yuan)

地 区	Region	营业收入 Operating Revenue	技术收入 Technical Income	产品销售收入 Product Sales Income	商品销售收入 Commodity Sales Income
威 海	Weihai	189463932	5244615	173923367	5291515
莱 芜	Laiwu	83345279	303597	76380866	3692892
临 沂	Linyi	96718844	697983	95434486	88975
德 州	Dezhou	28069416	182753	26095602	505046
郑 州	Zhengzhou	445291047	42221026	367566284	15846691
洛 阳	Luoyang	333196178	5917757	317021952	2995583
平 顶 山	Pingdingshan	73838217	9129559	50915438	1996706
安 阳	Anyang	140507633	3677794	131360448	810179
新 乡	Xinxiang	82237116	899707	72550857	4264624
焦 作	Jiaozuo	60823554	1174283	53165249	2983323
许 昌	Xuchang	7184466	328646	6745434	29800
南 阳	Nanyang	74103415	5896295	62104028	3185927
信 阳	Xinyang	49170343	19012	48279853	270765
武 汉	Wuhan	1309473629	371001389	811659279	18913373
黄石大冶湖	Huangshi Dayehu	128550608	3409526	114352610	2721670
宜 昌	Yichang	300846411	10213651	273249275	8690864
襄 阳	Xiangyang	403128298	35659290	349086656	5868339
荆 门	Jingmen	211242651	3502421	189054001	15573086
孝 感	Xiaogan	188924085	5458739	173021745	7936459
荆 州	Jingzhou	24052637	1526751	21693032	371251
黄 冈	Huanggang	154667787	5776099	139507400	5351768
咸 宁	Xianning	170139193	8789701	153126746	1637659
随 州	Suizhou	85491018	2103184	80821697	1195791
仙 桃	Xiantao	83602682	1625927	80889995	541319
潜 江	Qianjiang	67165788	1888664	64481379	202588
长 沙	Changsha	606885572	149595627	379750983	51113674
宁 乡	Ningxiang	79951122	75805	75594230	391502
株 洲	Zhuzhou	337366963	2803195	296829487	27192659
湘 潭	Xiangtan	174785290	16998125	150042313	945707
衡 阳	Hengyang	95530522	8460310	85714306	128699
常 德	Changde	78317838	754090	72454520	2391978
益 阳	Yiyang	102310043	8503262	92232410	844539
郴 州	Chenzhou	61424117	1113060	58926917	199793
怀 化	Huaihua	13380520	1014463	11461541	236358
广 州	Guangzhou	1504568844	310863161	1064821943	44666383
深 圳	Shenzhen	2461283803	533472930	1721331855	97246233
珠 海	Zhuhai	393176459	17594017	357748232	4697518
汕 头	Shantou	29977932	1929481	26445574	867811
佛 山	Foshan	570644694	37983789	497994771	9097203
江 门	Jiangmen	157961343	1496312	146632154	2574625
湛 江	Zhanjiang	240065235	6403807	226845120	2911230
茂 名	Maoming	69573677	7723304	55050553	4799223
肇 庆	Zhaoqing	135714009	717935	117360862	13704635
惠 州	Huizhou	321575259	19603032	283367955	4315017

1-4 续表 3 continued

单位：千元 (1000 yuan)

地区	Region	营业收入 Operating Revenue	技术收入 Technical Income	产品销售收入 Product Sales Income	商品销售收入 Commodity Sales Income
源城	Yuancheng	57605156	2845959	51139741	709139
清远	Qingyuan	109758998	2300831	100327144	2449412
东莞	Dongguan	424462612	25025121	359622796	12715875
中山	Zhongshan	197889628	3103356	180460330	10197722
南宁	Nanning	317568257	66254897	220374735	20485515
柳州	Liuzhou	239174351	2264431	208053780	21140794
桂林	Guilin	120326216	18332507	89217158	7978650
北海	Beihai	121279427	5282064	114966696	766462
海口	Haikou	117466170	10093088	51900267	11615920
重庆	Chongqing	481654428	40238717	397344927	21803903
璧山	Bishan	99634660	2513644	94268573	609440
荣昌	Rongchang	78043201	978272	75022250	1114743
永川	Yongchuan	144479726	5454268	135610550	695335
成都	Chengdu	923144673	185492573	618183420	77676660
自贡	Zigong	77474933	579126	70554815	2734989
攀枝花	Panzhihua	101725006	15296547	75922167	2140170
泸州	Luzhou	119224280	3290379	108466597	4799513
德阳	Deyang	86726043	1395058	83269370	957381
绵阳	Mianyang	189931435	2804125	150038950	35060807
内江	Neijiang	38727612	1370634	35758364	774392
乐山	Leshan	159314583	550705	152120676	2457083
贵阳	Guiyang	282440092	44769037	179932315	25115138
遵义	Zunyi	40733384	177351	39436738	205848
安顺	Anshun	25666122	700296	23986239	384022
昆明	Kunming	313596270	13348533	215525773	66715119
玉溪	Yuxi	105704618	411874	94087071	1259303
楚雄	Chuxiong	32021948	723180	30682095	40247
拉萨	Lhasa	9693545	1691918	7928019	38486
西安	Xi'an	1128050961	273855822	733203458	10837980
宝鸡	Baoji	228547586	2258389	214851665	4456443
杨凌	Yangling	34418971	4888302	24263670	1715960
咸阳	Xianyang	101925231	13969742	84674037	530449
渭南	Weinan	57377419	855175	41032469	13775706
榆林	Yulin	188659223	1578393	141752078	42035675
安康	Ankang	65621179	13169067	34108145	13866392
兰州	Lanzhou	221560165	18306080	100926620	10843795
白银	Baiyin	151243900	1303526	142826377	750326
青海	Qinghai	6854076	722544	5151462	101256
银川	Yinchuan	23489850	1556135	17347177	642754
石嘴山	Shizuishan	24592953	387104	22473544	330799
乌鲁木齐	Urumqi	526069008	18884120	80316417	335512136
克拉玛依	Kelamayi	16548998	4107173	8845446	1011813
昌吉	Changji	37081900	2658619	25498917	5604473
新疆兵团	Xinjiang Corps	103082872	145667	98626592	1291311

1-5 各高新区企业人员情况

Personnel Statistics of Enterprises in National Hi-tech Zones

单位：人 (person)

地　区	Region	年末从业人员 Year End Number of Employees	留学归国人员 Returned Overseas Scholars	外籍常驻人员 Foreign Personnel in Residence	大专以上 College and Higher Level
合　计	**Total**	**26145059**	**273097**	**70953**	**16433776**
北京中关村	Beijing Zhongguancun	2790189	63209	4108	2344143
天津滨海	Tianjin Binhai	235542	1130	363	172112
石家庄	Shijiazhuang	213120	885	61	167011
唐　山	Tangshan	22904	206	84	17323
保　定	Baoding	146015	330	145	86939
承　德	Chengde	18901	29		12312
燕　郊	Yanjiao	29709	144	126	15054
太　原	Taiyuan	145214	388	16	94665
长　治	Changzhi	44692	35	22	24212
呼和浩特	Hohhot	89928	388	7	61968
包　头	Baotou	115282	261	70	69786
鄂尔多斯	Erdos	10235	24	11	5120
沈　阳	Shenyang	154257	1032	59	124022
大　连	Dalian	266630	5069	818	193489
鞍　山	Anshan	47461	400	89	29675
本　溪	Benxi	9083	21	2	4796
锦　州	Jinzhou	25308	89	43	12165
营　口	Yingkou	22144	23	12	9028
阜　新	Fuxin	24537	73	35	12359
辽　阳	Liaoyang	24603	6		11028
长　春	Changchun	140125	611	302	105310
长春净月	Changchun Jingyue	36965	83	6	24999
吉　林	Jilin	55278	320	96	41986
通　化	Tonghua	12891	42	27	6534
延　吉	Yanji	9081	20	62	5185
哈尔滨	Harbin	100541	359	13	65961
齐齐哈尔	Qiqihar	30463	11	2	15493
大　庆	Daqing	63888	33	201	36503
上海张江	Shanghai Zhangjiang	1977423	47950	8544	1500992
上海紫竹	Shanghai Zizhu	43829	1891	625	40410
南　京	Nanjing	727655	7786	1816	559973
无　锡	Wuxi	301885	1492	1492	154451
江　阴	Jiangyin	109724	537	343	49080
徐　州	Xuzhou	79052	444	301	52716
常　州	Changzhou	241978	1553	1104	126508
武　进	Wujin	171625	750	408	97317
苏　州	Suzhou	236859	2036	1891	134325
昆　山	Kunshan	200592	802	792	91146
苏州工	Suzhou Industrial Park	333458	16714	7962	272009
常　熟	Changshu	86224	334	584	32978
南　通	Nantong	110837	928	152	67796
连云港	Lianyungang	54943	150	21	37232
淮　安	Huai'an	57014	42	98	20444
盐　城	Yancheng	95882	297	178	43559

1-5 续表 1 continued

单位：人 (person)

地区	Region	年末从业人员 Year End Number of Employees	留学归国人员 Returned Overseas Scholars	外籍常驻人员 Foreign Personnel in Residence	大专以上 College and Higher Level
扬州	Yangzhou	45124	504	78	28842
镇江	Zhenjiang	61573	140	33	30147
泰州	Taizhou	104092	247	76	37642
宿迁	Suqian	41514	189	49	18912
杭州	Hangzhou	461429	6460	584	406021
萧山临江	Xiaoshan Linjiang	206228	876	403	102347
宁波	Ningbo	361157	3981	1223	208585
温州	Wenzhou	192713	931	202	76711
嘉兴	Jiaxing	69191	171	187	25259
莫干山	Moganshan	63495	209	377	25983
绍兴	Shaoxing	88650	237	86	42762
衢州	Quzhou	127420	47	283	34731
合肥	Hefei	371811	15234	3566	293169
芜湖	Wuhu	107921	141	91	56180
蚌埠	Bengbu	50766	72	6	28633
淮南	Huainan	18142	44	3	9555
马鞍山慈湖	Ma'anshan Cihu	44561	76	44	23515
铜陵狮子山	Tongling Shizishan	16933	5	2	8468
安庆	Anqing	26857	12	1	9754
滁州	Chuzhou	78628	37	10	27880
福州	Fuzhou	147128	577	95	102332
厦门	Xiamen	301445	2231	1328	169619
莆田	Putian	72351	187	518	20785
三明	Sanming	20466	16	12	7313
泉州	Quanzhou	116819	163	122	32238
漳州	Zhangzhou	91859	40	64	19537
龙岩	Longyan	24672	33	4	6670
南昌	Nanchang	175031	2390	332	109707
景德镇	Jingdezhen	58686	298	74	22780
九江共青城	Jiujiang Gongqing City	27829	38	33	10851
新余	Xinyu	82539	561	286	29323
鹰潭	Yingtan	26319	242	106	13843
赣州	Ganzhou	57025	119	64	20506
吉安	Ji'an	45880	88	427	18889
宜春丰城	Yichun Fengcheng	30203	9	15	8955
抚州	Fuzhou	42398	108	60	18926
济南	Jinan	345449	2295	162	274274
青岛	Qingdao	238430	1846	300	173381
淄博	Zibo	175432	361	76	91639
枣庄	Zaozhuang	20452	65	39	10839
黄河三角洲	Huanghe Delta	4245	3		1959
烟台	Yantai	55108	549	132	29483
潍坊	Weifang	251705	642	270	119084
济宁	Jining	159550	159	71	69995
泰安	Tai'an	59758	71	15	34837

1-5 续表 2 continued

单位：人 (person)

地 区	Region	年末从业人员 Year End Number of Employees	留学归国人员 Returned Overseas Scholars	外籍常驻人员 Foreign Personnel in Residence	大专以上 College and Higher Level
威 海	Weihai	131619	699	996	60588
莱 芜	Laiwu	34402	17	13	15229
临 沂	Linyi	65045	152	75	38935
德 州	Dezhou	22452	16	25	6994
郑 州	Zhengzhou	288803	2747	1032	199270
洛 阳	Luoyang	213947	612	9	102816
平 顶 山	Pingdingshan	31048	147	27	20135
安 阳	Anyang	84212	251	142	43885
新 乡	Xinxiang	58331	112	75	32059
焦 作	Jiaozuo	33613	269	7	17896
许 昌	Xuchang	5450	2		3531
南 阳	Nanyang	84902	894	300	47658
信 阳	Xinyang	22885	2	10	8879
武 汉	Wuhan	628182	9017	4913	510235
黄石大冶湖	Huangshi Dayehu	76928	179	89	34038
宜 昌	Yichang	149556	234	105	75402
襄 阳	Xiangyang	220887	694	2560	107433
荆 门	Jingmen	111515	569	192	48458
孝 感	Xiaogan	119324	242	156	60937
荆 州	Jingzhou	17439	67	33	10042
黄 冈	Huanggang	102799	218	159	45697
咸 宁	Xianning	82754	284	38	44447
随 州	Suizhou	52892	138	18	21803
仙 桃	Xiantao	78731	34	45	18366
潜 江	Qianjiang	33586	179	5	13218
长 沙	Changsha	374238	2235	188	274834
宁 乡	Ningxiang	30119	26	7	12823
株 洲	Zhuzhou	179702	562	105	114236
湘 潭	Xiangtan	94938	388	71	51391
衡 阳	Hengyang	57352	120	42	28016
常 德	Changde	50819	23	2	15498
益 阳	Yiyang	60227	617	318	29227
郴 州	Chenzhou	23713	232	176	11569
怀 化	Huaihua	13422	14	7	5817
广 州	Guangzhou	807712	7223	2286	525718
深 圳	Shenzhen	1350703	18484	2446	864802
珠 海	Zhuhai	292857	997	521	116588
汕 头	Shantou	27254	116	7	9870
佛 山	Foshan	359904	3596	1872	174330
江 门	Jiangmen	123653	423	223	40920
湛 江	Zhanjiang	35138	36	5	18247
茂 名	Maoming	25801	32	4	11232
肇 庆	Zhaoqing	70556	605	376	25133
惠 州	Huizhou	239702	1090	1673	100788

单位：人 (person)

地 区	Region	年末从业人员 Year End Number of Employees	留学归国人员 Returned Overseas Scholars	外籍常驻人员 Foreign Personnel in Residence	大专以上 College and Higher Level
源 城	Yuancheng	54258	86	144	22337
清 远	Qingyuan	65317	133	116	21004
东 莞	Dongguan	157106	1277	134	76697
中 山	Zhongshan	147922	236	666	46204
南 宁	Nanning	181833	324	33	96682
柳 州	Liuzhou	118222	216	21	61974
桂 林	Guilin	116596	313	149	56951
北 海	Beihai	49714	16	50	20320
海 口	Haikou	47082	92	25	27979
重 庆	Chongqing	283239	494	318	134412
璧 山	Bishan	88779	1279	310	44626
荣 昌	Rongchang	59754	65	64	17751
永 川	Yongchuan	85105	32	55	27085
成 都	Chengdu	512469	4664	414	402297
自 贡	Zigong	65264	74	80	27442
攀枝花	Panzhihua	42900	63	28	21137
泸 州	Luzhou	60326	139	128	27018
德 阳	Deyang	49616	42	8	20789
绵 阳	Mianyang	121820	126	97	51833
内 江	Neijiang	29644	57	62	10930
乐 山	Leshan	64267	80	38	22736
贵 阳	Guiyang	196423	359	78	114715
遵 义	Zunyi	25305	4		9211
安 顺	Anshun	27973	10		13686
昆 明	Kunming	103547	282	21	63925
玉 溪	Yuxi	28838	50	5	17308
楚 雄	Chuxiong	13818	47		5914
拉 萨	Lhasa	5412	50		4034
西 安	Xi'an	646541	5158	1019	517159
宝 鸡	Baoji	164785	225	62	84573
杨 凌	Yangling	24025	25	24	11817
咸 阳	Xianyang	40613	90	61	26186
渭 南	Weinan	26593	54	19	15770
榆 林	Yulin	46133	35		29412
安 康	Ankang	37230	121	35	23925
兰 州	Lanzhou	129755	235	20	81926
白 银	Baiyin	69994	46	31	31523
青 海	Qinghai	11953	9	2	7168
银 川	Yinchuan	13019	65	4	6046
石嘴山	Shizuishan	17142	49	35	8932
乌鲁木齐	Urumqi	199336	102	95	112419
克拉玛依	Kelamayi	22571	2		7321
昌 吉	Changji	12156	17	131	7062
新疆兵团	Xinjiang Corps	28602	29	18	13575

1-6 各国家高新区企业R&D活动与研究开发情况

R&D Activities and Science and Technology Activities of Enterprises in National Hi-tech Zones by Region

地　　区	Region	研究开发人员 (人) Personnel Engaged in Science and Technology Activities (person)	R&D人员 (人) R&D Personnel (person)	R&D人员全时当量 (人年) R&D Personnel Full Time Equivalent (man year)	研究开发经费内部支出 (千元) Intramural Expenditures on Science and Technology Activities (1000 yuan)	R&D经费内部支出 (千元) Intramural Expenditure on R&D (1000 yuan)
合　　计	**Total**	**6044921**	**3154198**	**2103335**	**2311690730**	**1121321855**
北京中关村	Beijing Zhongguancun	1005583	334534	212539	420072298	136879701
天津滨海	Tianjin Binhai	57282	31447	18516	15263917	7961477
石 家 庄	Shijiazhuang	36305	18084	12396	14833411	8738778
唐　　山	Tangshan	5371	1708	942	836921	268993
保　　定	Baoding	34957	15288	7860	13146725	3444568
承　　德	Chengde	2295	964	471	352119	145282
燕　　郊	Yanjiao	3703	2830	1654	999383	776564
太　　原	Taiyuan	32245	5142	3076	8610414	1080885
长　　治	Changzhi	6759	1666	1001	2230677	438269
呼和浩特	Hohhot	2983	281	123	2611842	209924
包　　头	Baotou	19352	14370	9444	10618662	7507737
鄂尔多斯	Erdos	2183	1904	560	824446	476582
沈　　阳	Shenyang	40198	30312	21226	9297129	6469993
大　　连	Dalian	55179	31129	18388	16551293	8041944
鞍　　山	Anshan	10072	8052	4157	4685698	3335352
本　　溪	Benxi	1846	983	580	279989	100065
锦　　州	Jinzhou	3275	2391	1475	1133354	852855
营　　口	Yingkou	3307	2121	1217	1656575	1129949
阜　　新	Fuxin	2932	2810	2004	810577	686845
辽　　阳	Liaoyang	1951	1518	1086	520500	280190
长　　春	Changchun	31148	5228	2300	13563307	872951
长春净月	Changchun Jingyue	7763	1402	779	1406418	323673
吉　　林	Jilin	9833	6603	5363	1994301	1161596
通　　化	Tonghua	2418	1650	1189	776453	621044
延　　吉	Yanji	509	58	32	83801	4862
哈 尔 滨	Harbin	18900	11643	7889	3684037	2270014
齐齐哈尔	Qiqihar	4712	1023	692	1182607	376052
大　　庆	Daqing	6410	1495	918	1445110	272544
上海张江	Shanghai Zhangjiang	626411	150882	101468	276942040	71990862
上海紫竹	Shanghai Zizhu	14588	2333	1345	9605344	1039974
南　　京	Nanjing	227456	124845	85742	69790713	36976709
无　　锡	Wuxi	50037	33574	22368	18676065	9655650
江　　阴	Jiangyin	18998	17004	12727	9257918	6734026
徐　　州	Xuzhou	14265	11977	8087	5612196	4074988
常　　州	Changzhou	32721	26954	18031	12802736	8587785
武　　进	Wujin	22978	18379	15017	7718865	5410747
苏　　州	Suzhou	47727	42888	33630	16569902	12490392
昆　　山	Kunshan	33337	25658	19653	10005009	6453324
苏 州 工	Suzhou Industrial Park	112318	104569	84425	49021149	38838533
常　　熟	Changshu	11518	9379	6229	4804548	3601092
南　　通	Nantong	11427	7989	6557	6838433	4999388
连 云 港	Lianyungang	11479	8812	7100	10145795	7759829
淮　　安	Huaian	9293	5084	3377	3154370	1397748
盐　　城	Yancheng	9153	5700	4212	2443364	1538501

1-6 续表 1 continued

地 区	Region	研究开发人员（人）Personnel Engaged in Science and Technology Activities (person)	R&D人员（人）R&D Personnel (person)	R&D人员全时当量（人年）R&D Personnel Full Time Equivalent (man year)	研究开发经费内部支出（千元）Intramural Expenditures on Science and Technology Activities (1000 yuan)	R&D经费内部支出（千元）Intramural Expenditure on R&D (1000 yuan)
扬 州	Yangzhou	9549	8081	5776	2943196	2184741
镇 江	Zhenjiang	11021	5100	3315	4490373	1955206
泰 州	Taizhou	11728	5167	3726	4573752	1725152
宿 迁	Suqian	5103	3710	2893	1581393	1002337
杭 州	Hangzhou	185925	115539	89537	75550559	49734014
萧山临江	Xiaoshan Linjiang	38875	20518	12226	13798586	7094818
宁 波	Ningbo	88033	64651	39852	27886860	17680003
温 州	Wenzhou	33358	30308	17470	8355165	6338482
嘉 兴	Jiaxing	12109	9659	5146	4415057	3257493
莫 干 山	Moganshan	10315	9434	5308	3022198	2458077
绍 兴	Shaoxing	14665	13636	7787	5330064	4205967
衢 州	Quzhou	20624	14388	6577	7377282	4312134
合 肥	Hefei	119453	53828	37888	52785734	15552122
芜 湖	Wuhu	24325	10785	7084	9855687	3137613
蚌 埠	Bengbu	6348	2063	1298	2586610	425911
淮 南	Huainan	1982	949	479	410053	167479
马鞍山慈湖	Ma'anshan Cihu	7566	7128	5072	5945365	5214492
铜陵狮子山	Tongling Shizishan	2504	1236	595	924358	458651
安 庆	Anqing	5279	1556	1075	1347239	339091
滁 州	Chuzhou	10843	8906	6504	3989261	2701219
福 州	Fuzhou	44860	28109	21053	11865582	7313559
厦 门	Xiamen	67930	56927	34846	17615311	12518469
莆 田	Putian	4735	4482	3338	1597533	954587
三 明	Sanming	1759	1356	953	572358	398047
泉 州	Quanzhou	15803	7561	4799	3507961	1301862
漳 州	Zhangzhou	9969	3350	2157	2318880	549859
龙 岩	Longyan	3515	1791	1192	925168	362745
南 昌	Nanchang	33860	23518	13993	13275594	8681513
景 德 镇	Jingdezhen	8529	7778	4890	3090195	2415054
九江共青城	Jiujiang Gongqing City	1864	1135	631	721619	462125
新 余	Xinyu	7824	1190	612	7651486	343972
鹰 潭	Yingtan	4754	4151	2514	1986298	1659842
赣 州	Ganzhou	8400	7365	4096	2862128	2074512
吉 安	Ji'an	6433	258	139	1973997	89439
宜春丰城	Yichun Fengcheng	3655	1807	1132	1572003	625003
抚 州	Fuzhou	4497	3348	2566	1980855	1412831
济 南	Jinan	91584	71469	42990	30993887	18953637
青 岛	Qingdao	65506	42897	28560	23814963	16026680
淄 博	Zibo	27944	24209	14293	10583541	7822637
枣 庄	Zaozhuang	2175	1674	1051	576140	422382
黄河三角洲	Huanghe Delta	425	223	147	207300	72435
烟 台	Yantai	10141	4525	2972	3837599	1777342
潍 坊	Weifang	38602	24399	17168	17791005	11417887
济 宁	Jining	14745	10488	7563	4242568	2578786
泰 安	Tai'an	10141	8383	5165	3088187	2142333

1-6 续表 2 continued

地 区	Region	研究开发人员（人）Personnel Engaged in Science and Technology Activities (person)	R&D人员（人）R&D Personnel (person)	R&D人员全时当量（人年）R&D Personnel Full Time Equivalent (man year)	研究开发经费内部支出（千元）Intramural Expenditures on Science and Technology Activities (1000 yuan)	R&D经费内部支出（千元）Intramural Expenditure on R&D (1000 yuan)
威 海	Weihai	18193	8299	4333	5083803	2122879
莱 芜	Laiwu	6568	3104	1532	3310369	1958838
临 沂	Linyi	7713	5951	4310	3275109	2420097
德 州	Dezhou	2723	1074	634	804235	289078
郑 州	Zhengzhou	69635	18345	13032	20700506	5219708
洛 阳	Luoyang	44697	25431	20547	15723290	8153660
平 顶 山	Pingdingshan	5178	2065	1134	1882082	674672
安 阳	Anyang	9683	6492	4904	3291276	1694407
新 乡	Xinxiang	7096	4230	2884	2491488	1594955
焦 作	Jiaozuo	5128	4644	3081	2241759	1588374
许 昌	Xuchang	1264	419	255	307732	92652
南 阳	Nanyang	12912	10585	7830	3843959	2483206
信 阳	Xinyang	2107	591	422	782317	120347
武 汉	Wuhan	190886	141183	106202	72443398	49318787
黄石大冶湖	Huangshi Dayehu	9632	6204	4404	3523422	2469477
宜 昌	Yichang	24737	11440	7944	11220594	5191972
襄 阳	Xiangyang	35263	20035	17156	13659346	7065513
荆 门	Jingmen	18470	10068	7088	6458452	3588447
孝 感	Xiaogan	13470	4259	2780	5710563	1233647
荆 州	Jingzhou	1828	732	409	1100593	429847
黄 冈	Huanggang	14662	4646	3110	4111780	1496342
咸 宁	Xianning	12329	3168	2443	6157102	1524981
随 州	Suizhou	5422	1161	756	2189244	555970
仙 桃	Xiantao	5776	3676	3234	1601607	857212
潜 江	Qianjiang	4000	1442	767	2036261	1038603
长 沙	Changsha	92046	87366	53274	28069168	22040474
宁 乡	Ningxiang	5104	1823	1073	2458206	1075226
株 洲	Zhuzhou	36902	15192	10695	13819367	3946324
湘 潭	Xiangtan	14065	9606	6460	6076182	3940852
衡 阳	Hengyang	8766	3095	1363	3257718	1496480
常 德	Changde	5591	2421	1392	2480520	960591
益 阳	Yiyang	8739	3596	2902	4288099	1568125
郴 州	Chenzhou	4014	1784	986	1637671	948744
怀 化	Huaihua	2537	1089	691	600704	225005
广 州	Guangzhou	205882	144108	84411	73290345	50260050
深 圳	Shenzhen	406613	199647	139916	199670294	115617202
珠 海	Zhuhai	64868	49114	27077	20227016	12667648
汕 头	Shantou	5424	3889	2002	1171149	735272
佛 山	Foshan	70760	60650	34072	22359436	15816652
江 门	Jiangmen	19511	16592	8623	5392745	4019308
湛 江	Zhanjiang	4804	2279	870	2910175	1891834
茂 名	Maoming	4463	3685	1834	1527805	1054539
肇 庆	Zhaoqing	9887	7801	3805	4857589	3410768
惠 州	Huizhou	35445	25868	14829	10816443	7398244

地 区	Region	研究开发人员（人）Personnel Engaged in Science and Technology Activities (person)	R&D人员（人）R&D Personnel (person)	R&D人员全时当量（人年）R&D Personnel Full Time Equivalent (man year)	研究开发经费内部支出（千元）Intramural Expenditures on Science and Technology Activities (1000 yuan)	R&D经费内部支出（千元）Intramural Expenditure on R&D (1000 yuan)
源 城	Yuancheng	4570	3857	2621	970927	660855
清 远	Qingyuan	9406	4540	2558	2859622	1435585
东 莞	Dongguan	38892	9749	6501	20682838	3110897
中 山	Zhongshan	18346	9011	4616	5971474	2877510
南 宁	Nanning	32967	11473	4697	9617930	4288989
柳 州	Liuzhou	20027	3756	2149	7328912	1161314
桂 林	Guilin	15930	5664	2573	3147812	921943
北 海	Beihai	4451	1998	1614	2583020	955373
海 口	Haikou	6940	2780	1049	2614130	988712
重 庆	Chongqing	54566	28781	16598	16442717	7886215
璧 山	Bishan	10771	9491	5696	3167523	2286620
荣 昌	Rongchang	5354	4553	3010	2099631	1566166
永 川	Yongchuan	7829	5907	3907	2664829	1966540
成 都	Chengdu	137351	63150	46900	44795287	22482274
自 贡	Zigong	6288	2646	1651	1812059	578485
攀枝花	Panzhihua	4914	3043	1843	1989724	1028756
泸 州	Luzhou	5759	2650	1762	1822460	780181
德 阳	Deyang	4816	3261	1978	1353878	958161
绵 阳	Mianyang	19634	11660	7714	6564400	4116469
内 江	Neijiang	3444	2551	1529	901777	607797
乐 山	Leshan	5485	3260	1772	3125778	2019203
贵 阳	Guiyang	27837	14740	7929	7606885	3877761
遵 义	Zunyi	4489	2650	1496	1433914	693452
安 顺	Anshun	4222	2832	1903	870029	533749
昆 明	Kunming	14516	6105	2949	4822330	2321118
玉 溪	Yuxi	3853	1876	899	1497731	969307
楚 雄	Chuxiong	1689	932	567	803607	555841
拉 萨	Lhasa	1365	304	218	456323	84046
西 安	Xi'an	177271	87171	73265	59354988	36927309
宝 鸡	Baoji	24632	18605	12067	5669564	3969509
杨 凌	Yangling	2233	293	116	629140	55834
咸 阳	Xianyang	6687	5553	3381	2252698	1547394
渭 南	Weinan	4068	3069	2401	1337400	713904
榆 林	Yulin	2688	1513	794	1276391	565222
安 康	Ankang	1894	576	420	1279635	218313
兰 州	Lanzhou	14730	1788	1251	3795366	568309
白 银	Baiyin	6254	3280	2493	1484687	467136
青 海	Qinghai	1726	436	315	211173	34519
银 川	Yinchuan	1752	1309	729	428212	237939
石嘴山	Shizuishan	2475	1676	819	807700	398527
乌鲁木齐	Urumqi	8723	1712	922	2227466	1080522
克拉玛依	Kelamayi	1791	261	172	270982	43610
昌 吉	Changji	1427	666	393	804152	368362
新疆兵团	Xinjiang Corps	3634	2515	1359	2311352	1554336

1-7 高新区企业主要经济指标(按登记注册类型分类)

Main Economic Indicators of Enterprises in National Hi-tech Zones by Registration Category

企业登记注册类型 Registration Category	入统企业数(个) Number of Enterprises to Collect Data (unit)	高新技术企业数(个) Number of Hi-tech Enterprises (unit)	年末从业人员(人) Year End Number of Employees (person)	营业收入(千元) Operating Revenue (1000 yuan)	工业总产值(千元) Gross Industrial Output Value (1000 yuan)
合　计 **Total**	**205848**	**138752**	**26145059**	**53361771922**	**31399280485**
#国有企业 State-owned Enterprises	3593	1999	2008484	5244532408	2453695697
集体企业 Collective-owned Enterprises	187	63	76999	246936504	168342139
股份合作企业 Cooperative Enterprises	380	205	41618	71535024	59355400
联营企业 Joint Ownership Enterprises	180	109	20380	41695073	36715791
有限责任公司 Limited Liability Corporations	64548	44423	8271641	18225935928	9335426155
股份有限公司 Share-holding Corporations Ltd.	10682	8263	3995475	8563919071	5343400940
私营企业 Private Enterprises	108418	74742	6331958	8125718143	5459095671
港澳台投资企业 Enterprises with Funds from HongKong, Macao and Taiwan	5614	3062	2222562	5468118054	2969992567
外商投资企业 Foreign Funded Enterprises	8604	3771	2865704	6943806470	5317895003

1-7 续表 continued

单位：千元 (1000 yuan)

企业登记注册类型 Registration Category	净利润 Net Profit	上缴税费 Taxes Submitted	出口总额 Export	年末资产 Year End Assets	年末负债 Year End Liabilities
合　计 **Total**	**3784547874**	**2273796251**	**5902574971**	**93832753967**	**55557511813**
#国有企业 State-owned Enterprises	322744703	286154245	157359528	13243822983	8047107154
集体企业 Collective-owned Enterprises	17897539	9884232	36291328	429700725	274546120
股份合作企业 Cooperative Enterprises	2301564	2362270	1562957	228864524	105134112
联营企业 Joint Ownership Enterprises	2991593	1626881	1610781	46309369	22656738
有限责任公司 Limited Liability Corporations	925785044	693665889	1196922245	28748576761	18368597148
股份有限公司 Share-holding Corporations Ltd.	932174018	394908987	827603243	24259541430	14236516078
私营企业 Private Enterprises	489743684	278182501	604898583	9976577443	5739737565
港澳台投资企业 Enterprises with Funds from HongKong, Macao and Taiwan	577327569	243341251	1139443608	8620865945	4553843735
外商投资企业 Foreign Funded Enterprises	483513972	349650488	1883885950	7566096380	3793676138

1-8 高新区企业收入情况(按登记注册类型分类)

Revenue Statistics of Enterprises in National Hi-tech Zones by Registration Category

单位：千元 (1000 yuan)

企业登记注册类型 Registration Category	营业收入 Operating Revenue	技术收入 Technical Income	产品销售收入 Product Sales Income	商品销售收入 Commodity Sales Income
合　计 Total	**53361771922**	**7395470038**	**36747237288**	**4999343413**
#国有企业 State-owned Enterprises	5244532408	847849595	3664214399	347661246
集体企业 Collective-owned Enterprises	246936504	20695889	210908926	853828
股份合作企业 Cooperative Enterprises	71535024	3523504	59073680	2107857
联营企业 Joint Ownership Enterprises	41695073	2325623	37906107	536890
有限责任公司 Limited Liability Corporations	18225935928	3076814505	11164108868	1712832081
股份有限公司 Share-holding Corporations Ltd.	8563919071	725325249	6430905820	863298624
私营企业 Private Enterprises	8125718143	1012956721	6338171939	338117179
港澳台投资企业 Enterprises with Funds from HongKong, Macao and Taiwan	5468118054	1227191932	3002229895	938349801
外商投资企业 Foreign Funded Enterprises	6943806470	398781197	5540329911	772787054

1-9 高新区企业人员情况(按登记注册类型分类)

Personnel of Statistics Enterprises in National Hi-tech Zones by Registration Category

单位：人 (person)

企业登记注册类型 Registration Category	年末从业人员 Year End Number of Employees	留学归国人员 Returned Overseas Scholars	外籍常驻人员 Foreign Personnel in Residence	大专以上 College and Higher Level
合　计 Total	**26145059**	**273097**	**70953**	**16433776**
#国有企业 State-owned Enterprises	2008484	30202	3706	1439922
集体企业 Collective-owned Enterprises	76999	770	95	48506
股份合作企业 Cooperative Enterprises	41618	180	43	21811
联营企业 Joint Ownership Enterprises	20380	111	9	13195
有限责任公司 Limited Liability Corporations	8271641	76870	13140	5428307
股份有限公司 Share-holding Corporations Ltd.	3995475	39615	9862	2709221
私营企业 Private Enterprises	6331958	44937	10111	3699668
港澳台投资企业 Enterprises with Funds from HongKong, Macao and Taiwan	2222562	36362	8934	1296929
外商投资企业 Foreign Funded Enterprises	2865704	38166	23125	1597299

1-10 高新区企业主要经济指标(按企业划型标准分类)

Main Economic Indicators of Enterprises in National Hi-tech Zones by the Enterprise Scale

企业规模 Enterprise Scale	入统企业数(个) Number of Enterprises to Collect Data (unit)	高新技术企业数(个) Number of Hi-tech Enterprises (unit)	年末从业人员(人) Year End Number of Employees (person)	营业收入(千元) Operating Revenue (1000 yuan)	工业总产值(千元) Gross Industrial Output Value (1000 yuan)
合　计 Total	**205848**	**138752**	**26145059**	**53361771922**	**31399280485**
大型企业 Large Enterprises	6137	4368	12600061	32385549939	17558897057
中型企业 Medium Enterprises	23402	15727	6881307	15147090547	9540530838
小型企业 Small Enterprises	114561	80764	6173667	5611591677	4188915485
微型企业 Micro Enterprises	61748	37893	490024	217539759	110937104

1-10 续表 continued

单位：千元　(1000 yuan)

企业规模 Enterprise Scale	净利润 Net Profit	上缴税费 Taxes Submitted	出口总额 Export	年末资产 Year End Assets	年末负债 Year End Liabilities
合　计 Total	**3784547874**	**2273796251**	**5902574971**	**93832753967**	**55557511813**
大型企业 Large Enterprises	2586165225	1497802674	4017791540	58962762815	37038328821
中型企业 Medium Enterprises	999842635	563072508	1419968716	22798524589	12394800139
小型企业 Small Enterprises	223856320	203851832	458894865	10615872938	5456515050
微型企业 Micro Enterprises	-25316306	9069237	5919849	1455593625	667867803

1-11　高新区企业收入情况(按企业划型标准分类)

Revenue Statistics of Enterprises in National Hi-tech Zones by the Enterprise Scale

单位：千元　　(1000 yuan)

企业规模 Enterprise Scale	营业收入 Operating Revenue	技术收入 Technical Income	产品销售收入 Product Sales Income	商品销售收入 Commodity Sales Income
合　计 Total	**53361771922**	**7395470038**	**36747237288**	**4999343413**
大型企业 Large Enterprises	32385549939	5120575148	21425721505	2896369493
中型企业 Medium Enterprises	15147090547	1618577828	10706630748	1837031209
小型企业 Small Enterprises	5611591677	610360039	4481529465	249713020
微型企业 Micro Enterprises	217539759	45957023	133355570	16229692

1-12　高新区企业人员情况(按企业划型标准分类)

Personnel Statistics of Enterprises in National Hi-tech Zones by the Enterprise Scale

单位：人　　(person)

企业规模 Enterprise Scale	年末从业人员 Year End Number of Employees	留学归国人员 Returned Overseas Scholars	外籍常驻人员 Foreign Personnel in Residence	大专以上 College and Higher Level
合　计 Total	**26145059**	**273097**	**70953**	**16433776**
大型企业 Large Enterprises	12600061	168967	36549	8476890
中型企业 Medium Enterprises	6881307	56364	16572	4050391
小型企业 Small Enterprises	6173667	40621	15926	3542900
微型企业 Micro Enterprises	490024	7145	1906	363595

1-13 高新区高技术产业制造业企业主要经济指标(按行业类别分类)

Main Indicators of Enterprises in Hi-tech Manufacture Fields in National Hi-tech Zones by Industry Field

行业类别 Industry Field	入统企业数 (个) Number of Enterprises to Collect Data (unit)	高新技术企业数 (个) Number of Hi-tech Enterprises (unit)	年末从业人员 (人) Year End Number of Employees (person)	营业收入 (千元) Operating Revenue (1000 yuan)	工业总产值 (千元) Gross Industrial Output Value (1000 yuan)
合 计 **Total**	**25600**	**19225**	**5890561**	**10722654817**	**10380754199**
医药制造业 Manufacture of Medicines	3336	2390	884672	1192384141	1249335818
航空、航天器及设备制造业 Manufacture of Aircrafts and Spacecrafts and Related Equipment	644	536	223811	330997651	314872775
电子及通信设备制造业 Manufacture of Electronic Equipment and Communication Equipment	11649	8668	3416158	6738437541	6507131288
计算机及办公设备制造业 Manufacture of Computers and Office Equipment	1446	1059	544708	1492454811	1392904161
医疗仪器设备及仪器仪表制造业 Manufacture of Medical Equipments and Measuring Instrument	8470	6537	796908	907865760	866644143
信息化学品制造业 Manufacture of Information Chemicals	55	35	24304	60514911	49866015

1-13 续表 continued

单位：千元 (1000 yuan)

行业类别 Industry Field	净利润 Net Profit	上缴税费 Taxes Submitted	出口总额 Export	年末资产 Year End Assets	年末负债 Year End Liabilities
合 计 **Total**	**780010675**	**370419977**	**3418901622**	**15833756851**	**7997493741**
医药制造业 Manufacture of Medicines	182415366	115826335	91044271	2443350368	892539924
航空、航天器及设备制造业 Manufacture of Aircrafts and Spacecrafts and Related Equipment	16579301	5890078	12912871	725427197	445356000
电子及通信设备制造业 Manufacture of Electronic Equipment and Communication Equipment	396797146	171814555	2415139138	9624380954	5089123798
计算机及办公设备制造业 Manufacture of Computers and Office Equipment	61524129	24922205	747087773	1349687667	883567726
医疗仪器设备及仪器仪表制造业 Manufacture of Medical Equipments and Measuring Instrument	113453622	47465349	143743359	1607369662	650520329
信息化学品制造业 Manufacture of Information Chemicals	9241111	4501454	8974211	83541003	36385963

1-14 高新区高技术产业服务业企业主要经济指标(按行业类别分类)
Main Indicators of Enterprises in Hi-tech Service Fields in National Hi-tech Zones by Industry Field

行业类别 Industry Field	入统企业数(个) Number of Enterprises to Collect Data (unit)	高新技术企业数(个) Number of Hi-tech Enterprises (unit)	年末从业人员(人) Year End Number of Employees (person)	营业收入(千元) Operating Revenue (1000 yuan)
合　计 **Total**	**90953**	**66567**	**6349691**	**8771046315**
信息服务 Information Service	62028	47187	4350880	5759686256
电子商务服务 E-commerce Service	1837	1249	175224	601338980
检验检测服务 Inspection and Testing Service	2548	1997	219875	113911629
专业技术服务业的高技术服务 Hi-tech Service in Professional Technology Service	2913	2081	620887	1229831490
研发与设计服务 R & D and Design Service	7707	5191	545074	612766147
科技成果转化服务 Technology Results Transfer Service	11166	6830	318374	328669567
知识产权及相关法律服务 IPR and Related Legal Service	372	132	20245	9071656
环境监测及治理服务 Environmental Monitoring and Control	2382	1900	99132	115770590

1-14 续表 continued

单位：千元 (1000 yuan)

行业类别 Industry Field	净利润 Net Profit	上缴税费 Taxes Submitted	出口总额 Export	年末资产 Year End Assets	年末负债 Year End Liabilities
合　计 **Total**	**774950007**	**362851377**	**328555130**	**20004529362**	**11726259980**
信息服务 Information Service	602772473	258057625	213651130	12924615134	7732451922
电子商务服务 E-commerce Service	16913866	14201894	7318840	937785544	700518961
检验检测服务 Inspection and Testing Service	16288987	6189951	641183	200423208	84655564
专业技术服务业的高技术服务 Hi-tech Service in Professional Technology Service	91460512	43754489	30243360	2781168686	1590823503
研发与设计服务 R & D and Design Service	35930338	22783201	61210953	1629762734	802719541
科技成果转化服务 Technology Results Transfer Service	2589823	12376110	13951587	1142459128	594108839
知识产权及相关法律服务 IPR and Related Legal Service	1048182	491978	223747	12101137	7031149
环境监测及治理服务 Environmental Monitoring and Control	7945826	4996130	1314330	376213790	213950502

第二部分

全国高新技术企业

The Second Part

High Technology Enterprises in China

2-1 全国高新技术企业主要经济指标

Main Economic Indicators of High-tech Enterprises

年 份 Year	入统企业数 (个) Number of Enterprises to Collect Data (unit)	年末从业人员 (万人) Year End Number of Employees (10000 persons)	营业收入① (亿元) Operating Revenue (100 million yuan)	工业总产值 (亿元) Gross Industrial Output Value (100 million yuan)	净利润 (亿元) Net Profit (100 million yuan)	上缴税额 (亿元) Taxes Submitted (100 million yuan)	出口创汇 (亿美元) Export (100 million USD)
1996	12547	214.2	4029.6	3810.8	304.2	222.0	73.5
1997	12794	248.7	5630.4	5301.6	402.4	288.6	101.5
1998	15206	309.4	7624.1	7361.8	464.4	424.2	132.7
1999	17118	364.5	10936.7	10558.8	742.7	792.8	203.0
2000	20867	442.3	15648.7	14757.9	1149.7	904.5	329.2
2001	24153	511.7	19930.4	18767.2	1305.9	1279.6	395.4
2002	28504	601.8	25502.2	23877.0	1509.2	1460.1	569.1
2003	33392	729.5	35332.5	32996.0	2129.7	1925.7	900.9
2004	39490	863.8	48100.5	44615.8	2900.5	2366.1	1515.0
2005	43249	1016.1	59714.1	55780.8	3387.5	2901.2	2050.9
2006	49166	1182.6	76493.0	71840.5	4427.5	3842.3	2646.3
2007	56047	1452.2	104770.5	95911.5	6684.1	4851.4	3683.5
2008	51476	1275.0	105115.2	96546.2	5853.6	5804.8	3563.8
2009	25386	1003.3	86192.6	93319.1	6328.5	4281.5	2492.5
2010	31858	1313.6	129505.2	119022.0	9806.7	6262.1	3594.9
2011	39343	1508.3	156223.1	140338.9	10997.8	7378.7	4520.5
2012	45313	1621.3	167743.9	152235.3	10892.0	8377.7	4608.3
2013	54683	1810.2	193837.4	175106.4	12825.2	9277.4	4915.8
2014	62556	1914.8	217304.8	211335.9	14399.2	10674.8	5068.6
2015	76141	2045.2	222234.1	189757.5	14894.8	11052.1	4768.7
2016	100012	2360.7	261093.9	212268.8	18859.7	13159.1	4694.9
2017	130632	2735.5	318374.1	243898.0	23217.1	15578.3	5600.7
2018	172262	3131.6	389203.7	288706.3	26140.3	18000.8	6801.4
2019	218544	3437.0	450957.7	324137.4	27340.7	17988.0	7114.1
2020	269896	3858.8	520845.0	367111.6	35149.5	18395.3	7919.2
2021	324112	4259.1	650459.2	478589.1	44805.6	22842.5	10718.6
2022	394525	4592.0	720237.8	523083.1	46073.2	25879.6	11488.8

注：2014年报表制度进一步规范指标及定义，取消了“总收入”的指标，增加了“营业收入”的指标。此列2014年以前所列数据为企业总收入的汇总数据。

2-2 各地区高新技术企业主要经济指标
Main Economic Indicators of High-tech Enterprises by Region

地区	Region	入统企业数（个）Number of Enterprises to Collect Data (unit)	年末从业人员（人）Year End Number of Employees (person)	营业收入（千元）Operating Revenue (1000 yuan)	工业总产值（千元）Gross Industrial Output Value (1000 yuan)
合　计	**Total**	**394525**	**45920419**	**72023778031**	**52308305424**
东部地区	Eastern Region	260676	30607210	47201210809	33583792636
中部地区	Middle Region	69539	8032708	12555633802	9418894345
西部地区	Western Region	46620	5620811	9859338302	7254080446
东北地区	Northeast Region	17690	1659690	2407595119	2051537996
北　京	Beijing	25702	2922175	5773240533	1042252046
天　津	Tianjin	10715	794051	1448985187	800813961
河　北	Hebei	12409	1577410	3014143527	2639393753
山　西	Shanxi	3883	506848	902220614	603522169
内蒙古	Inner Mongolia	1558	449784	1271523053	1112769364
辽　宁	Liaoning	11003	963725	1208301993	1009265307
吉　林	Jilin	3088	406212	811527601	716553675
黑龙江	Heilongjiang	3599	289753	387765525	325719015
上　海	Shanghai	23323	2295373	4366380705	1774878881
江　苏	Jiangsu	44700	4907369	7746305949	6963263653
浙　江	Zhejiang	35202	4933224	6677562961	5344730098
安　徽	Anhui	15131	1697293	2447766452	2127302875
福　建	Fujian	12019	1286561	1462562778	1308923536
江　西	Jiangxi	6163	958530	1653712544	1476367098
山　东	Shandong	26718	2952253	4660228850	4584186693
河　南	Henan	10812	1319758	1814768106	1451861031
湖　北	Hubei	19798	1897908	3369363026	2174500596
湖　南	Hunan	13752	1652371	2367803060	1585340576
广　东	Guangdong	68347	8851478	11919106375	9033396180
广　西	Guangxi	3732	530510	1013231344	765487996
海　南	Hainan	1541	87316	132693944	91953835
重　庆	Chongqing	6327	922755	1429353707	1165289804
四　川	Sichuan	14377	1432959	2084610629	1323917647
贵　州	Guizhou	1963	236364	382566118	238640510
云　南	Yunnan	2582	318526	730631236	547224612
西　藏	Tibet	112	20812	22701014	15808290
陕　西	Shaanxi	12150	1070210	1621782548	1057556194
甘　肃	Gansu	1696	213494	306433103	230419343
青　海	Qinghai	262	45890	112895300	80802066
宁　夏	Ningxia	488	97312	209026960	185311784
新　疆	Xinjiang	1373	282195	674583289	530852836

2-2 续表 continued

单位：千元 (1000 yuan)

地 区	Region	净利润 Net Profit	上缴税费 Taxes Submitted	出口总额 Export	年末资产 Year End Assets	年末负债 Year End Liabilities
合 计	**Total**	**4607317098**	**2587964306**	**7727511512**	**108804617959**	**62181572008**
东部地区	Eastern Region	3061704721	1609489734	6151798800	72777022784	40941317857
中部地区	Middle Region	655895385	404474758	917780048	16955694344	10035340571
西部地区	Western Region	734847027	455260014	515516948	14897325422	8818902845
东北地区	Northeast Region	154869964	118739800	142415716	4174575408	2386010735
北 京	Beijing	466330922	209178760	179226750	12275837247	6912288270
天 津	Tianjin	56295735	38874596	92291064	2230119992	1277985128
河 北	Hebei	76425901	86050045	150184530	3973052016	2471758966
山 西	Shanxi	35522184	30964619	30473661	1253873670	791616940
内 蒙 古	Inner Mongolia	117092602	72772772	35970269	1866846187	1045338030
辽 宁	Liaoning	56470529	47718641	106578719	1972525764	1128669390
吉 林	Jilin	82851533	57289432	20414289	1443648598	767919113
黑 龙 江	Heilongjiang	15547901	13731727	15422708	758401046	489422232
上 海	Shanghai	255232346	159400768	432557066	7694077958	4135144988
江 苏	Jiangsu	511673432	258895538	1191848313	10507501591	5479116469
浙 江	Zhejiang	578805660	267755348	1092379326	10008417798	5317549729
安 徽	Anhui	124325957	77462232	267378264	3365686280	1914903583
福 建	Fujian	117339164	45468016	292297111	2358830667	1276512938
江 西	Jiangxi	100929122	60130983	189524957	1971672343	1117637068
山 东	Shandong	259792290	155395855	586347009	6423876665	3701109608
河 南	Henan	94761780	58772762	114137039	2615089931	1538703924
湖 北	Hubei	179707961	100126999	187441329	4497855235	2783048594
湖 南	Hunan	120648381	77017164	128824799	3251516887	1889430461
广 东	Guangdong	731662765	381338165	2122803555	17073274232	10242789886
广 西	Guangxi	27957015	27603349	53574405	1274938205	850978269
海 南	Hainan	8146508	7132644	11864076	232034618	127061876
重 庆	Chongqing	61181818	62552293	120103129	1898011812	1156243480
四 川	Sichuan	170545443	86338407	207845654	3294279657	1949677947
贵 州	Guizhou	19221111	12907884	13835824	678999133	402192198
云 南	Yunnan	38311451	24456420	8816099	924652184	520321481
西 藏	Tibet	4202888	1946858	84661	69881190	30196431
陕 西	Shaanxi	124503486	87245577	52516089	2721661172	1607940272
甘 肃	Gansu	15177122	11125330	5869233	584780295	368591443
青 海	Qinghai	34392670	10203822	287046	172218506	91805310
宁 夏	Ningxia	12473399	5947494	7884256	220847009	116362220
新 疆	Xinjiang	109788022	52159807	8730284	1190210071	679255763

2-3　计划单列市高新技术企业主要经济指标
Main Economic Indicators of High-tech Enterprises of the Cities Listed Independently in the State Plan

地　区	Region	入统企业数（个）Number of Enterprises to Collect Data (unit)	年末从业人员（人）Year End Number of Employees (person)	营业收入（千元）Operating Revenue (1000 yuan)	工业总产值（千元）Gross Industrial Output Value (1000 yuan)
合　计	**Total**	**42365**	**5061579**	**7181724215**	**5389873010**
大　连	Dalian	4127	293482	335626567	280062766
宁　波	Ningbo	5299	862832	1131095591	990944576
厦　门	Xiamen	3603	408162	382203412	313635281
青　岛	Qingdao	6755	517979	828815132	614295849
深　圳	Shenzhen	22581	2979124	4503983513	3190934537

2-3　续表 continued

单位：千元　　(1000 yuan)

地　区	Region	净利润 Net Profit	上缴税费 Taxes Submitted	出口总额 Export	年末资产 Year End Assets	年末负债 Year End Liabilities
合　计	**Total**	**513767869**	**233118838**	**1463807407**	**11428639573**	**6670348239**
大　连	Dalian	16915040	15675848	55874561	574559615	327731447
宁　波	Ningbo	88176193	41235268	242464679	1511135884	781482915
厦　门	Xiamen	38951910	12950827	87303077	583638073	263458127
青　岛	Qingdao	42603354	21557390	134182479	1152747563	666055750
深　圳	Shenzhen	327121371	141699504	943982611	7606558438	4631620000

2-4 副省级城市高新技术企业主要经济指标

Main Economic Indicators of High-tech Enterprises of the Deputy Provincial Level Cities

地 区	Region	入统企业数 (个) Number of Enterprises to Collect Data (unit)	年末从业人员 (人) Year End Number of Employees (person)	营业收入 (千元) Operating Revenue (1000 yuan)	工业总产值 (千元) Gross Industrial Output Value (1000 yuan)
合 计	**Total**	**82262**	**7171355**	**11543419225**	**6115691265**
沈 阳	Shenyang	4224	303848	370462094	277330327
长 春	Changchun	2500	292588	651095048	564257484
哈尔滨	Harbin	2298	170338	217440286	165605047
南 京	Nanjing	9016	700885	1018614053	641636721
杭 州	Hangzhou	12568	1305789	2146136422	1038898232
济 南	Jinan	5506	492542	839409643	413040988
武 汉	Wuhan	12410	886316	1755608555	706000846
广 州	Guangzhou	12241	1343699	2228948515	1192899632
成 都	Chengdu	11257	930649	1299095841	594396605
西 安	Xi'an	10242	744701	1016608767	521625381

2-4 续表 continued

单位：千元 (1000 yuan)

地 区	Region	净利润 Net Profit	上缴税费 Taxes Submitted	出口总额 Export	年末资产 Year End Assets	年末负债 Year End Liabilities
合 计	**Total**	**856850308**	**474740712**	**793617027**	**18829872373**	**10988656239**
沈 阳	Shenyang	22391255	12422895	17739285	670771087	391939195
长 春	Changchun	72214469	50544361	7554633	1157208785	617260168
哈尔滨	Harbin	9288391	7948088	4149576	486772417	320087653
南 京	Nanjing	64109627	36617221	71967538	1734549326	978537254
杭 州	Hangzhou	285713664	115926184	198281357	3993734013	2137542095
济 南	Jinan	41441715	23972517	41554124	1137755472	682559161
武 汉	Wuhan	73086096	47944761	90683340	2721050504	1770116171
广 州	Guangzhou	134787587	95473809	170734860	3015583328	1731944414
成 都	Chengdu	94616333	53764360	152875789	2160569352	1307722649
西 安	Xi'an	59201171	30126516	38076525	1751878090	1050947480

2-5 各地区高新技术企业收入情况
Revenue Statistics of High-tech Enterprises by Region

单位：千元 (1000 yuan)

地 区	Region	营业收入 Operating Revenue	技术收入 Technical Income	产品销售收入 Product Sales Income	商品销售收入 Commodity Sales Income
合 计	**Total**	**72023778031**	**9423531601**	**58103163584**	**1063772602**
东部地区	Eastern Region	47201210809	6881378981	36983535797	754030397
中部地区	Middle Region	12555633802	1060339068	10946385059	108589496
西部地区	Western Region	9859338302	1312555937	8045681700	156670782
东北地区	Northeast Region	2407595119	169257615	2127561028	44481926
北 京	Beijing	5773240533	2425249304	1937127849	284960243
天 津	Tianjin	1448985187	232266559	1132814160	16607133
河 北	Hebei	3014143527	167508875	2669113427	28054345
山 西	Shanxi	902220614	33355028	835436702	8273692
内蒙古	Inner Mongolia	1271523053	45977908	1187977750	3892719
辽 宁	Liaoning	1208301993	99554243	1055236605	15358926
吉 林	Jilin	811527601	46275762	723335980	23946225
黑龙江	Heilongjiang	387765525	23427610	348988443	5176775
上 海	Shanghai	4366380705	1109355102	3013474397	47113395
江 苏	Jiangsu	7746305949	374522183	7054426392	71866794
浙 江	Zhejiang	6677562961	761188809	5628772993	85120083
安 徽	Anhui	2447766452	147599204	2173730505	24986902
福 建	Fujian	1462562778	84349259	1294689807	16967321
江 西	Jiangxi	1653712544	34177904	1563988787	13495121
山 东	Shandong	4660228850	211089830	4218023316	87690072
河 南	Henan	1814768106	94615532	1642964958	10701748
湖 北	Hubei	3369363026	462515638	2762887983	23960619
湖 南	Hunan	2367803060	288075762	1967376125	27171415
广 东	Guangdong	11919106375	1502737122	9926790969	108104999
广 西	Guangxi	1013231344	119641006	834269513	29201102
海 南	Hainan	132693944	13111938	108302487	7546013
重 庆	Chongqing	1429353707	101609473	1260626038	13650943
四 川	Sichuan	2084610629	465379636	1505018261	35721112
贵 州	Guizhou	382566118	83664345	276940129	8203150
云 南	Yunnan	730631236	49612162	636592149	29261318
西 藏	Tibet	22701014	4367237	17300466	774881
陕 西	Shaanxi	1621782548	297711499	1242983976	23060365
甘 肃	Gansu	306433103	30155292	255452491	3929860
青 海	Qinghai	112895300	32898800	75381871	375738
宁 夏	Ningxia	209026960	2694461	193765581	1064609
新 疆	Xinjiang	674583289	78844119	559373475	7534984

2-6 计划单列市高新技术企业收入情况
Revenue Statistics of High-tech Enterprises of the Cities Listed Independently in the State Plan

单位：千元 (1000 yuan)

地区	Region	营业收入 Operating Revenue	技术收入 Technical Income	产品销售收入 Product Sales Income	商品销售收入 Commodity Sales Income
合计	**Total**	**7181724215**	**853411723**	**5973584883**	**84567451**
大连	Dalian	335626567	17649887	304459396	4799851
宁波	Ningbo	1131095591	43452678	1037909384	11862358
厦门	Xiamen	382203412	32586841	327109432	4180070
青岛	Qingdao	828815132	72236079	715889365	13809381
深圳	Shenzhen	4503983513	687486239	3588217307	49915791

2-7 副省级城市高新技术企业收入情况
Revenue Statistics of High-tech Enterprises of the Deputy Provincial Level Cities

单位：千元 (1000 yuan)

地区	Region	营业收入 Operating Revenue	技术收入 Technical Income	产品销售收入 Product Sales Income	商品销售收入 Commodity Sales Income
合计	**Total**	**11543419225**	**2746781385**	**8243301817**	**161107540**
沈阳	Shenyang	370462094	63631114	291951011	4044889
长春	Changchun	651095048	38760932	577441257	22773272
哈尔滨	Harbin	217440286	17682355	191457365	2116358
南京	Nanjing	1018614053	206382422	770529764	10038109
杭州	Hangzhou	2146136422	687034959	1344325038	38026111
济南	Jinan	839409643	86274583	725705528	7781398
武汉	Wuhan	1755608555	399282280	1263293361	11044509
广州	Guangzhou	2228948515	574275125	1572019442	21418009
成都	Chengdu	1299095841	419379435	804704023	25952458
西安	Xi'an	1016608767	254078180	701875025	17912427

2-8 各地区高新技术企业人员情况
Personnel Statistics of High-tech Enterprises by Region

单位：人 (person)

地　区	Region	年末从业人员 Year End Number of Employees	留学归国人员 Returned Overseas Scholars	外籍常驻人员 Foreign Personnel in Residence	大专以上 College and Higher Level
合　计	**Total**	**45920419**	**244626**	**50334**	**24040214**
东部地区	Eastern Region	30607210	205146	38649	15803771
中部地区	Middle Region	8032708	20887	7764	4048813
西部地区	Western Region	5620811	14064	2658	3252083
东北地区	Northeast Region	1659690	4529	1263	935547
北　京	Beijing	2922175	57502	3071	2478792
天　津	Tianjin	794051	2801	390	507618
河　北	Hebei	1577410	1800	335	726290
山　西	Shanxi	506848	700	56	275342
内蒙古	Inner Mongolia	449784	310	85	229643
辽　宁	Liaoning	963725	3281	714	526050
吉　林	Jilin	406212	1008	518	247738
黑龙江	Heilongjiang	289753	240	31	161759
上　海	Shanghai	2295373	47434	5353	1740284
江　苏	Jiangsu	4907369	22141	9959	2462350
浙　江	Zhejiang	4933224	20513	5600	1938206
安　徽	Anhui	1697293	2526	757	803058
福　建	Fujian	1286561	3128	1528	537968
江　西	Jiangxi	958530	2345	941	374368
山　东	Shandong	2952253	6856	1727	1470985
河　南	Henan	1319758	2269	490	664249
湖　北	Hubei	1897908	9038	4619	1095164
湖　南	Hunan	1652371	4009	901	836632
广　东	Guangdong	8851478	42734	10632	3890631
广　西	Guangxi	530510	708	187	257066
海　南	Hainan	87316	237	54	50647
重　庆	Chongqing	922755	2628	598	445563
四　川	Sichuan	1432959	5911	981	858051
贵　州	Guizhou	236364	396	25	133817
云　南	Yunnan	318526	459	58	179717
西　藏	Tibet	20812	114	2	16877
陕　西	Shaanxi	1070210	3018	429	754187
甘　肃	Gansu	213494	168	61	135211
青　海	Qinghai	45890	85	1	29361
宁　夏	Ningxia	97312	43	21	47630
新　疆	Xinjiang	282195	224	210	164960

2-9 计划单列市高新技术企业人员情况
Personnel Statistics of High-tech Enterprises of the Cities Listed Independently in the State Plan

单位：人 (person)

地 区	Region	年末从业人员 Year End Number of Employees	留学归国人员 Returned Overseas Scholars	外籍常驻人员 Foreign Personnel in Residence	大专以上 College and Higher Level
合 计	**Total**	**5061579**	**35723**	**6944**	**2694316**
大 连	Dalian	293482	1480	313	159491
宁 波	Ningbo	862832	3730	1496	332887
厦 门	Xiamen	408162	1399	891	200955
青 岛	Qingdao	517979	1848	372	291631
深 圳	Shenzhen	2979124	27266	3872	1709352

2-10 副省级城市高新技术企业人员情况
Personnel Statistics of High-tech Enterprises of the Deputy Provincial Level Cities

单位：人 (person)

地 区	Region	年末从业人员 Year End Number of Employees	留学归国人员 Returned Overseas Scholars	外籍常驻人员 Foreign Personnel in Residence	大专以上 College and Higher Level
合 计	**Total**	**7171355**	**45216**	**8432**	**4972425**
沈 阳	Shenyang	303848	1491	110	216694
长 春	Changchun	292588	963	316	199130
哈尔滨	Harbin	170338	211	16	110596
南 京	Nanjing	700885	5382	739	535446
杭 州	Hangzhou	1305789	12496	964	835588
济 南	Jinan	492542	2279	163	354045
武 汉	Wuhan	886316	7367	3820	659097
广 州	Guangzhou	1343699	6847	1267	850926
成 都	Chengdu	930649	5467	673	643625
西 安	Xi'an	744701	2713	364	567278

2-11 各地区高新技术企业R&D活动与研究开发情况
R&D Activities and Science and Technology Activities Statistics of High-tech Enterprises by Region

地区 Region	研究开发人员（人） Personnel Engaged in Science and Technology Activities (person)	R&D人员（人） R&D Personnel (person)	R&D人员全时当量（人年） R&D Personnel Full Time Equivalent (man year)	研究开发经费内部支出（千元） Intramural Expenditures on Science and Technology Activities (1000 yuan)	R&D经费内部支出（千元） Intramural Expenditure on R&D (1000 yuan)
合　计 **Total**	**11226102**	**4993939**	**3114170**	**3866116679**	**1624401869**
东部地区 Eastern Region	7806551	3520346	2179977	2774973418	1169616471
中部地区 Middle Region	1728248	769207	505344	565842309	240214388
西部地区 Western Region	1303981	546592	328659	421272489	177085457
东北地区 Northeast Region	387322	157794	100190	104028463	37485554
北　京 Beijing	1173625	342728	219691	489962600	141257956
天　津 Tianjin	220051	129957	74554	67120981	37321095
河　北 Hebei	324813	136476	71501	124665019	50883852
山　西 Shanxi	113635	32034	20921	39775096	10030778
内蒙古 Inner Mongolia	81317	36584	20136	37430189	14729431
辽　宁 Liaoning	221707	101481	63918	55842429	23014194
吉　林 Jilin	91704	19560	12109	30586113	5722256
黑龙江 Heilongjiang	73911	36753	24163	17599921	8749104
上　海 Shanghai	829231	180036	118092	331804272	75329611
江　苏 Jiangsu	1125317	649727	467842	407921219	204909462
浙　江 Zhejiang	1100866	565372	343589	349683107	171624171
安　徽 Anhui	360259	135568	88149	115404312	40684433
福　建 Fujian	293649	150126	99216	80272094	34551692
江　西 Jiangxi	181015	100897	58316	61524997	30398117
山　东 Shandong	646687	326705	191217	225850015	103099575
河　南 Henan	284186	103311	71215	83965311	29259501
湖　北 Hubei	442572	216859	155210	158711408	78309895
湖　南 Hunan	346581	180537	111534	106461185	51531663
广　东 Guangdong	2068377	1031420	590805	690436719	347817781
广　西 Guangxi	108009	35519	15789	34144095	10255127
海　南 Hainan	23935	7797	3471	7257390	2821276
重　庆 Chongqing	188957	88186	49737	61567655	28723141
四　川 Sichuan	374169	152705	94370	110492934	47301041
贵　州 Guizhou	56500	28585	16468	16829396	8178939
云　南 Yunnan	72707	52940	29812	27762662	19159437
西　藏 Tibet	4765	1134	498	1577584	777822
陕　西 Shaanxi	290376	108888	78558	84149210	32846267
甘　肃 Gansu	45247	10070	6969	12009749	1795734
青　海 Qinghai	9777	3043	1938	3751293	1025830
宁　夏 Ningxia	18746	9944	5027	8299965	3635636
新　疆 Xinjiang	53411	18993	9357	23257757	8657054

2-12 计划单列市高新技术企业R&D活动与研究开发情况

R&D Activities and Science and Technology Activities Statistics of High-tech Enterprises of the Cities Listed Independently in the State Plan

地 区	Region	研究开发人员（人）Personnel Engaged in Science and Technology Activities (person)	R&D人员（人）R&D Personnel (person)	R&D人员全时当量（人年）R&D Personnel Full Time Equivalent (man year)	研究开发经费内部支出（千元）Intramural Expenditures on Science and Technology Activities (1000 yuan)	R&D经费内部支出（千元）Intramural Expenditure on R&D (1000 yuan)
合 计	**Total**	**1365032**	**673848**	**417338**	**473150110**	**245245934**
大 连	Dalian	71271	35202	18714	16917513	7146772
宁 波	Ningbo	179505	128812	77789	54285296	35985186
厦 门	Xiamen	105615	67554	40644	25780207	14442259
青 岛	Qingdao	133931	58414	34613	41662207	18807677
深 圳	Shenzhen	874710	383867	245578	334504887	168864040

2-13 副省级城市高新技术企业R&D活动与研究开发情况

R&D Activities and Science and Technology Activities Statistics of High-tech Enterprises of the Deputy Provincial Level Cities

地 区	Region	研究开发人员（人）Personnel Engaged in Science and Technology Activities (person)	R&D人员（人）R&D Personnel (person)	R&D人员全时当量（人年）R&D Personnel Full Time Equivalent (man year)	研究开发经费内部支出（千元）Intramural Expenditures on Science and Technology Activities (1000 yuan)	R&D经费内部支出（千元）Intramural Expenditure on R&D (1000 yuan)
合 计	**Total**	**2141665**	**1033556**	**678495**	**679135860**	**338608501**
沈 阳	Shenyang	84779	40777	28148	19499578	8701757
长 春	Changchun	70502	14541	8700	25197291	4407716
哈尔滨	Harbin	48775	27435	18053	11620278	6626390
南 京	Nanjing	236611	140209	97859	70923492	39941732
杭 州	Hangzhou	426694	185164	129386	148351050	73381939
济 南	Jinan	145756	81321	48966	47180737	21562610
武 汉	Wuhan	254454	143201	103621	92684113	52103361
广 州	Guangzhou	368181	215041	115553	123042068	74816117
成 都	Chengdu	276251	107735	69121	77150302	32335753
西 安	Xi'an	229662	78133	59089	63486951	24731127

2-14 高新技术企业主要经济指标(按登记注册类型分类)
Main Economic Indicators of High-tech Enterprises by Registration Category

企业登记注册类型 Registration Category	入统企业数 (个) Number of Enterprises to Collect Data (unit)	年末从业人员 (人) Year End Number of Employees (person)	营业收入 (千元) Operating Revenue (1000 yuan)	工业总产值 (千元) Gross Industrial Output Value (1000 yuan)
合 计 Total	**394525**	**45920419**	**72023778031**	**52308305424**
#国有企业 State-owned Enterprises	6283	3299324	7635373392	3528877026
集体企业 Collective-owned Enterprises	246	39295	67648121	36653501
股份合作企业 Cooperative Enterprises	631	62875	83291346	76214754
联营企业 Joint Ownership Enterprises	282	40149	79028759	69390929
有限责任公司 Limited Liability Corporations	126799	14673450	24835626038	16279422307
股份有限公司 Share-holding Corporations Ltd.	21392	6706634	11556106354	9933970450
私营企业 Private Enterprises	213999	14336093	16089132265	13311236432
港澳台投资企业 Enterprises with Funds from HongKong, Macao and Taiwan	8246	3366651	5618204492	3861142459
外商投资企业 Foreign Funded Enterprises	8296	2767538	5227616507	4603055293

2-14 续表 continued

单位：千元 (1000 yuan)

企业登记注册类型 Registration Category	净利润 Net Profit	上缴税费 Taxes Submitted	出口总额 Export	年末资产 Year End Assets	年末负债 Year End Liabilities
合 计 Total	**4607317098**	**2587964306**	**7727511512**	**108804617959**	**62181572008**
#国有企业 State-owned Enterprises	353857604	231555818	248738168	12119844670	7929708502
集体企业 Collective-owned Enterprises	2715330	2129066	1960697	78715600	45438713
股份合作企业 Cooperative Enterprises	3168420	2928649	4270185	116652911	58448128
联营企业 Joint Ownership Enterprises	2267143	4298023	4556230	118249767	79096193
有限责任公司 Limited Liability Corporations	1218343079	842628184	1907484298	33820396577	21124080597
股份有限公司 Share-holding Corporations Ltd.	1067163563	465670164	1572098104	25406710067	12631994585
私营企业 Private Enterprises	846730873	507945493	1555438013	19086904818	11000497356
港澳台投资企业 Enterprises with Funds from HongKong, Macao and Taiwan	651241571	259057529	1090716431	9711977763	5015179431
外商投资企业 Foreign Funded Enterprises	417589271	248265526	1274212226	7075267720	3537049909

2-15 高新技术企业收入情况(按登记注册类型分类)
Revenue Statistics of High-tech Enterprises by Registration Category

单位：千元 (1000 yuan)

企业登记注册类型 Registration Category	营业收入 Operating Revenue	技术收入 Technical Income	产品销售收入 Product Sales Income	商品销售收入 Commodity Sales Income
合 计 Total	**72023778031**	**9423531601**	**58103163584**	**1063772602**
#国有企业 State-owned Enterprises	7635373392	1620535379	5673825645	41149467
集体企业 Collective-owned Enterprises	67648121	18067304	45927203	373688
股份合作企业 Cooperative Enterprises	83291346	2577200	77797125	538336
联营企业 Joint Ownership Enterprises	79028759	3969828	73110450	121899
有限责任公司 Limited Liability Corporations	24835626038	3766790526	18827348114	422789152
股份有限公司 Share-holding Corporations Ltd.	11556106354	873897615	10062652839	154345951
私营企业 Private Enterprises	16089132265	1297271533	14114047226	252158224
港澳台投资企业 Enterprises with Funds from HongKong, Macao and Taiwan	5618204492	1438239470	3892578749	81861713
外商投资企业 Foreign Funded Enterprises	5227616507	297005657	4654160633	102503871

2-16 高新技术企业人员情况(按登记注册类型分类)
Personnel Statistics of High-tech Enterprises by Registration Category

单位：人 (person)

企业登记注册类型 Registration Category	年末从业人员 Year End Number of Employees	留学归国人员 Returned Overseas Scholars	外籍常驻人员 Foreign Personnel in Residence	大专以上 College and Higher Level
合 计 Total	**45920419**	**244626**	**50334**	**24040214**
#国有企业 State-owned Enterprises	3299324	19922	904	2374488
集体企业 Collective-owned Enterprises	39295	45		19746
股份合作企业 Cooperative Enterprises	62875	129	24	29767
联营企业 Joint Ownership Enterprises	40149	87	7	21896
有限责任公司 Limited Liability Corporations	14673450	81313	10732	8088253
股份有限公司 Share-holding Corporations Ltd.	6706634	36111	8419	3790797
私营企业 Private Enterprises	14336093	46737	9169	6513592
港澳台投资企业 Enterprises with Funds from HongKong, Macao and Taiwan	3366651	35086	7586	1526564
外商投资企业 Foreign Funded Enterprises	2767538	22347	12939	1373728

2-17 高新技术企业主要经济指标(按企业划型标准分类)

Main Economic Indicators of High-tech Enterprises by the Enterprise Scale

企业规模 Enterprise Scale	入统企业数 (个) Number of Enterprises to Collect Data (unit)	年末从业人员 (人) Year End Number of Employees (person)	营业收入 (千元) Operating Revenue (1000 yuan)	工业总产值 (千元) Gross Industrial Output Value (1000 yuan)
合 计 **Total**	**394525**	**45920419**	**72023778031**	**52308305424**
大型企业 Large Enterprises	9509	17190018	38633980911	23598461881
中型企业 Medium Enterprises	41766	12950694	20949147553	17781728829
小型企业 Small Enterprises	245228	14843013	12060544384	10635459666
微型企业 Micro Enterprises	98022	936694	380105184	292655048

2-17 续表 continued

单位：千元 (1000 yuan)

企业规模 Enterprise Scale	净利润 Net Profit	上缴税费 Taxes Submitted	出口总额 Export	年末资产 Year End Assets	年末负债 Year End Liabilities
合 计 **Total**	**4607317098**	**2587964306**	**7727511512**	**108804617959**	**62181572008**
大型企业 Large Enterprises	2769337498	1383538483	4387633075	60392876304	36593517484
中型企业 Medium Enterprises	1389048038	784798446	2246097287	29557382767	15342168153
小型企业 Small Enterprises	474999221	407319855	1085407248	17562032772	9550884697
微型企业 Micro Enterprises	-26067659	12307522	8373902	1292326116	695001674

2-18 高新技术企业收入情况(按企业划型标准分类)
Revenue Statistics of High-tech Enterprises by the Enterprise Scale

单位：千元 (1000 yuan)

企业规模 Enterprise Scale	营业收入 Operating Revenue	技术收入 Technical Income	产品销售收入 Product Sales Income	商品销售收入 Commodity Sales Income
合　计 Total	**72023778031**	**9423531601**	**58103163584**	**1063772602**
大型企业 Large Enterprises	38633980911	6816836529	28883878325	446896216
中型企业 Medium Enterprises	20949147553	1694276258	18182210730	388238229
小型企业 Small Enterprises	12060544384	864242283	10726428489	216039603
微型企业 Micro Enterprises	380105184	48176532	310646041	12598553

2-19 高新区企业人员情况(按企业划型标准分类)
Personnel Statistics of Enterprises in National Hi-tech Zones by the Enterprise Scale

单位：人 (person)

企业规模 Enterprise Scale	年末从业人员 Year End Number of Employees	留学归国人员 Returned Overseas Scholars	外籍常驻人员 Foreign Personnel in Residence	大专以上 College and Higher Level
合　计 Total	**45920419**	**244626**	**50334**	**24040214**
大型企业 Large Enterprises	17190018	142943	20799	10370143
中型企业 Medium Enterprises	12950694	52293	12466	6297711
小型企业 Small Enterprises	14843013	43242	15621	6765975
微型企业 Micro Enterprises	936694	6148	1448	606385

2-20 高新技术企业中高技术产业制造业企业主要经济指标(按行业类别分类)
Main Indicators of High-tech Enterprises in Hi-tech Manufacture Fields by Industry Field

行业类别 Industry Field	入统企业数(个) Number of Enterprises to Collect Data (unit)	年末从业人员(人) Year End Number of Employees (person)	营业收入(千元) Operating Revenue (1000 yuan)	工业总产值(千元) Gross Industrial Output Value (1000 yuan)
合　计 **Total**	**48435**	**9009884**	**12626695255**	**12467361132**
医药制造业 Manufacture of Medicines	6363	1531404	1779734035	1922313071
航空、航天器及设备制造业 Manufacture of Aircrafts and Spacecrafts and Related Equipment	1251	479222	800684849	707598036
电子及通信设备制造业 Manufacture of Electronic Equipment and Communication Equipment	23796	5265699	8096114816	7979672864
计算机及办公设备制造业 Manufacture of Computers and Office Equipment	2842	488533	827879221	733390000
医疗仪器设备及仪器仪表制造业 Manufacture of Medical Equipments and Measuring Instrument	14110	1235197	1109382892	1113120459
信息化学品制造业 Manufacture of Information Chemicals	73	9829	12899442	11266702

2-20 续表 continued

单位：千元 (1000 yuan)

行业类别 Industry Field	净利润 Net Profit	上缴税费 Taxes Submitted	出口总额 Export	年末资产 Year End Assets	年末负债 Year End Liabilities
合　计 **Total**	**1031423875**	**462243798**	**3127581371**	**21313508674**	**10471314456**
医药制造业 Manufacture of Medicines	288756570	155941771	192157842	3815611372	1426737837
航空、航天器及设备制造业 Manufacture of Aircrafts and Spacecrafts and Related Equipment	35011449	13733166	24309548	1827702804	1195047284
电子及通信设备制造业 Manufacture of Electronic Equipment and Communication Equipment	520154844	213343720	2525894768	12623737465	6462714742
计算机及办公设备制造业 Manufacture of Computers and Office Equipment	43973426	19080898	220989834	973171842	540256152
医疗仪器设备及仪器仪表制造业 Manufacture of Medical Equipments and Measuring Instrument	142336430	59691449	161994743	2053194666	837976113
信息化学品制造业 Manufacture of Information Chemicals	1191156	452793	2234635	20090523	8582328

2-21 高新技术企业中高技术产业服务业企业主要经济指标(按行业类别分类)

Main Indicators of High-tech Enterprises in Hi-tech Service Fields by Industry Field

行业类别 Industry Field	入统企业数(个) Number of Enterprises to Collect Data (unit)	年末从业人员(人) Year End Number of Employees (person)	营业收入(千元) Operating Revenue (1000 yuan)	主营业务收入(千元) Revenue from Principal Business (1000 yuan)
合　计 **Total**	**130352**	**8189875**	**9495667258**	**7375070873**
信息服务 Information Service	90205	5173640	5834645667	4402694140
电子商务服务 E-commerce Service	2476	230239	447744883	283312802
检验检测服务 Inspection and Testing Service	5060	414525	208301777	191162572
专业技术服务业的高技术服务 Hi-tech Service in Professional Technology Service	5293	1049565	1553374395	1303675463
研发与设计服务 R & D and Design Service	10178	731828	889189377	772170418
科技成果转化服务 Technology Results Transfer Service	12019	361375	333438840	215853527
知识产权及相关法律服务 IPR and Related Legal Service	252	12978	7370615	4821566
环境监测及治理服务 Environmental Monitoring and Control	4869	215725	221601703	201380386

2-21 续表 continued

单位：千元 (1000 yuan)

行业类别 Industry Field	净利润 Net Profit	上缴税费 Taxes Submitted	出口总额 Export	年末资产 Year End Assets	年末负债 Year End Liabilities
合　计 **Total**	**922431246**	**420600726**	**242238166**	**18626454508**	**10075108442**
信息服务 Information Service	727335325	295333209	144604658	11605962652	5947828419
电子商务服务 E-commerce Service	-5037390	9341224	5246344	900423745	687710740
检验检测服务 Inspection and Testing Service	28250058	10736052	621765	361893893	146630070
专业技术服务业的高技术服务 Hi-tech Service in Professional Technology Service	79333121	53147853	28619791	2263785694	1403882650
研发与设计服务 R & D and Design Service	79113378	29917354	50494768	2013789845	1098110200
科技成果转化服务 Technology Results Transfer Service	-1687136	12595329	11081495	834235237	441293502
知识产权及相关法律服务 IPR and Related Legal Service	724193	457850	85455	9904826	5488204
环境监测及治理服务 Environmental Monitoring and Control	14399697	9071854	1483890	636458616	344164656

第三部分

科技企业孵化器

The Third Part

Technology Business Incubators (TBIs)

3-1 全国科技企业孵化器主要经济指标
Main Economic Indicators of TBIs

年 份 Year	统计孵化器数量 (个) Number of TBIs with Data (unit)	场地面积 (万平方米) Space Area (10000 sq.m)	在孵企业 (个) Number of Tenants (unit)	在孵企业总收入 (亿元) Total Income of Incubatees (100 million yuan)	在孵企业从业人员数 (万人) Number of Employees of Incubatees (10000 persons)	累计毕业企业 (个) Accumulated Number of Graduated Tenants (unit)
1995	73	40.2	1854	24.2	2.6	364
1996	80	56.6	2476	36.3	3.8	648
1997	80	77.5	2670	40.8	4.6	825
1998	77	88.4	4138	60.7	6.9	1316
1999	110	188.8	5293	95.8	9.2	1934
2000	164	339.5	8653	207.0	14.4	2790
2001	324	634.7	14270	422.4	28.4	4281
2002	378	632.6	20993	230.5	36.3	6207
2003	431	1358.9	27285	759.3	48.3	8981
2004	464	1515.1	33213	1121.7	55.2	11718
2005	534	1969.9	39491	1625.4	71.7	15815
2006	548	2008.0	41434	1926.7	79.3	19896
2007	614	2269.8	44750	2621.9	93.3	23394
2008	670	2315.5	44346	1866.2	92.8	31764
2009	772	2901.3	50511	2000.8	101.2	32301
2010	896	3043.9	56382	3329.5	117.8	36485
2011	1034	3472.1	60936	3800.6	125.6	39562
2012	1239	4375.8	70217	4147.1	143.7	45160
2013	1464	5379.3	77677	3308.8	158.3	52146
2014	1748	6877.8	78965	3696.4	141.7	61944
2015	2533	8680.0	102170	4810.4	166.2	74853
2016	3255	10732.8	133286	4792.7	212.1	89694
2017	4063	11967.4	177542	6335.7	259.6	110701
2018	4849	13192.9	206024	8343.0	290.2	139396
2019	5206	12927.9	216828	8219.9	294.9	160850
2020	5843	13088.5	233349	10259.6	296.9	188768
2021	6227	13388.3	243635	12442.5	309.6	215969
2022	6659	13685.9	248344	10821.4	305.6	237906

3-2 各地区科技企业孵化器基本情况
General Statistics of TBIs by Region

地　区	Region	统计孵化器数 (个) Number of TBIs with Data (unit)	孵化器总收入 (千元) Total Income of TBIs (1000 yuan)	管理机构从业人员数 (人) Number of Management Personnel (person)	孵化基金总　额 (千元) Total Incubator Fund (1000 yuan)	创业导师人　数 (人) Number of Innovation Mentors (person)	对公共技术服务平台投资额 (千元) Investment into the Public Service Platform (1000 yuan)
合　计	**Total**	**6659**	**57986289**	**81509**	**307373289**	**93448**	**9424151**
东部地区	Eastern Region	4198	40703291	48544	249021257	56466	6279700
中部地区	Middle Region	1151	8053433	14788	23734254	15427	1954747
西部地区	Western Region	933	7609713	13380	29057785	16882	989708
东北地区	Northeast Region	377	1619853	4797	5559993	4673	199996
北　京	Beijing	272	7206194	5173	48721258	8594	904591
天　津	Tianjin	110	658818	1258	1367147	1498	125343
河　北	Hebei	326	963574	3605	1781496	3836	132225
山　西	Shanxi	72	484153	1012	328017	1255	75092
内蒙古	Inner Mongolia	49	314857	779	1490723	1126	44324
辽　宁	Liaoning	99	555526	1362	2686800	1423	64271
吉　林	Jilin	95	639352	1499	1540342	1456	78682
黑龙江	Heilongjiang	183	424975	1936	1332851	1794	57043
上　海	Shanghai	204	2519201	2586	15846175	2611	253687
江　苏	Jiangsu	1150	9310415	12421	49332601	9027	2048638
浙　江	Zhejiang	580	4968978	6094	66322776	7517	763512
安　徽	Anhui	253	1142062	2600	9906883	2364	556562
福　建	Fujian	142	1083245	1715	4016376	2074	119018
江　西	Jiangxi	132	1122359	2284	2150128	1829	208501
山　东	Shandong	342	2427283	4399	10327410	6113	727074
河　南	Henan	225	1275436	2992	2054558	3241	346799
湖　北	Hubei	338	3089131	4008	6392897	4870	525763
湖　南	Hunan	131	940292	1892	2901771	1868	242030
广　东	Guangdong	1066	11470910	11215	49501017	15090	899613
广　西	Guangxi	115	442948	1192	521820	1283	98823
海　南	Hainan	6	94672	78	1805000	106	306000
重　庆	Chongqing	188	659818	2006	2703748	2949	153229
四　川	Sichuan	184	1907600	2477	1973255	4368	377970
贵　州	Guizhou	47	854104	921	753040	447	26165
云　南	Yunnan	43	196338	622	460720	1576	13952
西　藏	Tibet	4	6510	36	150000	70	2201
陕　西	Shaanxi	148	2029277	2522	18240010	2668	195327
甘　肃	Gansu	77	671884	1467	993021	863	47284
青　海	Qinghai	16	99708	279	366448	542	2550
宁　夏	Ningxia	25	130299	444	490500	281	15568
新　疆	Xinjiang	26	224297	407	885250	522	4341
新疆兵团	Xinjiang Corps	11	72072	228	29250	187	7976

3-3 各地区科技企业孵化器孵化企业情况
Tenants Statistics of TBIs by Region

单位：个 (unit)

地 区	Region	在孵企业数 Number of Tenants	高新技术企业 Hi-tech Enterprises	当年新增在孵企业 New Incubatees	累计毕业企业 Accumulated Number of Graduated Tenants	当年毕业企业 Number of Graduated Tenants of the Year	收入达5千万元企业数 Number of Tenants with Income More than 50 million yuan
合 计	**Total**	**248344**	**15822**	**67284**	**237906**	**32121**	**4596**
东部地区	Eastern Region	149418	9287	40504	150430	19638	3308
中部地区	Middle Region	47805	3127	13326	42212	6621	700
西部地区	Western Region	37431	2217	10127	33636	4545	548
东北地区	Northeast Region	13690	1191	3327	11628	1317	40
北 京	Beijing	11544	1398	3074	23318	2044	248
天 津	Tianjin	5020	368	1225	3514	486	122
河 北	Hebei	9901	463	2914	7220	1040	65
山 西	Shanxi	3138	160	735	2701	463	28
内蒙古	Inner Mongolia	1838	96	414	2099	341	11
辽 宁	Liaoning	4380	448	1191	4835	496	18
吉 林	Jilin	3702	327	736	2751	382	19
黑龙江	Heilongjiang	5608	416	1400	4042	439	3
上 海	Shanghai	8279	481	2045	4996	593	159
江 苏	Jiangsu	42144	2960	11610	40575	5651	1285
浙 江	Zhejiang	20732	553	5462	21197	2712	327
安 徽	Anhui	8504	322	2924	5754	1050	121
福 建	Fujian	4243	419	1258	4837	603	161
江 西	Jiangxi	4676	203	1255	4275	851	103
山 东	Shandong	14363	1128	3547	15287	1864	227
河 南	Henan	10658	795	2723	9688	1442	179
湖 北	Hubei	13960	1062	3935	12847	1641	182
湖 南	Hunan	6869	585	1754	6947	1174	87
广 东	Guangdong	32810	1478	9267	29126	4570	700
广 西	Guangxi	4180	138	1256	3212	454	68
海 南	Hainan	382	39	102	360	75	14
重 庆	Chongqing	5757	169	1780	4863	644	29
四 川	Sichuan	9085	553	2566	8620	1068	188
贵 州	Guizhou	1494	93	442	1086	149	23
云 南	Yunnan	2293	109	515	1989	264	18
西 藏	Tibet	142		21	166	25	2
陕 西	Shaanxi	5757	842	1711	6421	920	166
甘 肃	Gansu	2580	89	509	1873	191	15
青 海	Qinghai	708	26	204	857	114	2
宁 夏	Ningxia	984	9	173	876	151	10
新 疆	Xinjiang	2024	85	443	992	131	14
新疆兵团	Xinjiang Corps	589	8	93	582	93	2

3-4 各地区科技企业孵化器孵化场地情况
Space Stastistics of TBIs by Region

单位：平方米 (sq.m)

地 区	Region	总面积 Total Space Area	办公用房 Space for Office	企业用房 Space for Tenants	服务用房 Space for Service	其他 Others
合 计	**Total**	**136858969**	**7964427**	**96512720**	**17461549**	**14920273**
东部地区	Eastern Region	80742553	4576018	56829388	10114130	9223018
中部地区	Middle Region	25427756	1433251	18372784	3201145	2420575
西部地区	Western Region	23740195	1522968	16603142	3238055	2376030
东北地区	Northeast Region	6948465	432189	4707406	908219	900650
北 京	Beijing	4450263	258896	3080154	781258	329956
天 津	Tianjin	1457435	58486	1130190	182466	86293
河 北	Hebei	5723320	507780	3887666	610653	717220
山 西	Shanxi	1467235	53119	1056223	222135	135759
内 蒙 古	Inner Mongolia	1353516	103714	963224	190504	96074
辽 宁	Liaoning	1906954	74889	1436334	275106	120624
吉 林	Jilin	2924521	223916	1872448	388890	439267
黑 龙 江	Heilongjiang	2116990	133384	1398625	244223	340759
上 海	Shanghai	2612800	146344	1928257	313492	224707
江 苏	Jiangsu	26327944	1612330	18883840	2983012	2848762
浙 江	Zhejiang	11105893	461298	8336577	1288038	1019980
安 徽	Anhui	4045567	194190	3112816	459702	278859
福 建	Fujian	3040081	183663	2063094	356368	436956
江 西	Jiangxi	4672086	310695	3239312	559201	562878
山 东	Shandong	9223910	436162	6422849	1235441	1129459
河 南	Henan	4115244	213708	3001415	558180	341940
湖 北	Hubei	7889626	512724	5473799	1003612	899491
湖 南	Hunan	3237999	148815	2489220	398315	201648
广 东	Guangdong	16681309	903683	11004053	2346374	2427199
广 西	Guangxi	1671839	78633	1246950	210661	135596
海 南	Hainan	119598	7376	92708	17028	2486
重 庆	Chongqing	2568686	180463	1826385	347470	214368
四 川	Sichuan	2845715	145677	2013739	406481	279818
贵 州	Guizhou	3902463	294720	2934874	357046	315823
云 南	Yunnan	879259	49007	680399	114315	35538
西 藏	Tibet	32251	3439	22078	5642	1092
陕 西	Shaanxi	4401075	173737	3229924	621555	375858
甘 肃	Gansu	2522537	298083	1365399	629502	229553
青 海	Qinghai	1348745	74545	871887	90807	311506
宁 夏	Ningxia	783844	34187	606897	81455	61305
新 疆	Xinjiang	878368	61886	596777	156447	63259
新疆兵团	Xinjiang Corps	551899	24878	244609	26171	256241

3-5 各地区科技企业孵化器当年在孵企业情况
Annual Statistics of Incubatees of TBIs by Region

地　区	Region	在孵企业从业人员数（人） Number of Employees of Incubatees (person)	在孵企业总收入（千元） Total Income of Incubatees (1000 yuan)	当年获得投融资企业数（个） Number of Incubatees Obtained Investment and Finance (unit)	当年获风险投资额（千元） Amount of Venture Capital for Incubatees (1000 yuan)	当年获得孵化基金在孵企业数（个） Number of Incubatees Received Incubator Fund (unit)
合　计	**Total**	**3056351**	**1082143214**	**17243**	**126518311**	**10985**
东部地区	Eastern Region	1763513	691330750	11293	108926105	6214
中部地区	Middle Region	657389	182586173	3458	8582003	2918
西部地区	Western Region	482510	164223914	2058	8046745	1509
东北地区	Northeast Region	152939	44002378	434	963457	344
北　京	Beijing	181106	113276591	965	34454419	487
天　津	Tianjin	55059	13439503	523	840387	307
河　北	Hebei	103036	20770962	431	493263	371
山　西	Shanxi	42358	17506951	157	405306	185
内蒙古	Inner Mongolia	23483	9958066	35	73796	26
辽　宁	Liaoning	54189	12352543	158	376488	91
吉　林	Jilin	54972	23607285	195	377238	181
黑龙江	Heilongjiang	43778	8042550	81	209731	72
上　海	Shanghai	75208	29267622	650	12170902	325
江　苏	Jiangsu	526521	211163247	3391	24742932	1802
浙　江	Zhejiang	207933	70328295	1525	8580781	813
安　徽	Anhui	88626	36477158	635	2391257	515
福　建	Fujian	50263	20975909	338	1604920	178
江　西	Jiangxi	80037	27323689	411	988358	502
山　东	Shandong	178367	61120458	893	3597675	668
河　南	Henan	158075	33206089	1064	1110234	894
湖　北	Hubei	174160	41235463	699	2216233	620
湖　南	Hunan	114133	26836822	492	1470616	202
广　东	Guangdong	378627	133895520	2558	22324936	1256
广　西	Guangxi	41364	10085016	211	1184700	172
海　南	Hainan	7393	17092643	19	115890	7
重　庆	Chongqing	65034	18583028	260	500393	120
四　川	Sichuan	121816	35596639	543	2644073	484
贵　州	Guizhou	20942	5304449	95	189053	63
云　南	Yunnan	21056	7531661	99	190026	72
西　藏	Tibet	1473	141810	9	24750	7
陕　西	Shaanxi	112338	44375155	460	2244119	345
甘　肃	Gansu	28824	5477928	139	584076	76
青　海	Qinghai	9464	17145667	42	210400	28
宁　夏	Ningxia	9252	3598382	57	113002	15
新　疆	Xinjiang	21828	4630397	70	78946	43
新疆兵团	Xinjiang Corps	5636	1795717	38	9410	58

3-6 各地区国家级科技企业孵化器基本情况
General Statistics of State Level TBIs by Region

地 区	Region	统计孵化器数量（个）Number of TBIs with Data (unit)	孵化器总收入（千元）Total Income of TBIs (1000 yuan)	管理机构从业人员数（人）Number of Management Personnel (person)	孵化基金总额（千元）Total Incubator Fund (1000 yuan)	创业导师人数（人）Number of Innovation Mentors (person)	对公共技术服务平台投资额（千元）Investment into the Public Service Platform (1000 yuan)
合 计	**Total**	**1406**	**22867319**	**24759**	**120548146**	**32674**	**4553061**
东部地区	Eastern Region	872	15232617	14387	90159076	20191	2965814
中部地区	Middle Region	244	2792021	4375	11413499	5193	947793
西部地区	Western Region	214	4007047	4295	17000246	5724	539697
东北地区	Northeast Region	76	835634	1702	1975325	1566	99757
北 京	Beijing	65	2094027	1445	31867646	2330	183842
天 津	Tianjin	34	320831	514	649897	769	58730
河 北	Hebei	41	298719	669	967286	780	44489
山 西	Shanxi	15	309223	269	172467	380	54896
内蒙古	Inner Mongolia	13	151941	269	1401010	535	27670
辽 宁	Liaoning	31	349338	676	727123	513	42535
吉 林	Jilin	24	326443	551	551062	685	39643
黑龙江	Heilongjiang	21	159853	475	697140	368	17580
上 海	Shanghai	62	1036308	1087	5077954	1329	74439
江 苏	Jiangsu	243	3884509	3887	13716143	3209	1067876
浙 江	Zhejiang	106	1790537	1603	12896962	2486	370980
安 徽	Anhui	48	382999	705	4573170	802	396489
福 建	Fujian	21	594442	435	1344761	372	32974
江 西	Jiangxi	19	247250	460	1530273	577	63074
山 东	Shandong	100	1422521	1726	5661678	2704	309328
河 南	Henan	59	571809	1078	1230091	1350	79919
湖 北	Hubei	72	761931	1245	2586861	1542	282758
湖 南	Hunan	31	518809	618	1320637	542	70658
广 东	Guangdong	197	3708239	2968	16376748	6139	517157
广 西	Guangxi	22	188927	377	240650	410	16765
海 南	Hainan	3	82484	53	1600000	73	306000
重 庆	Chongqing	26	168350	331	1434228	563	23508
四 川	Sichuan	44	963478	760	1140291	1143	303189
贵 州	Guizhou	9	564401	289	500000	146	7557
云 南	Yunnan	16	115310	273	70540	469	9199
西 藏	Tibet	3	4710	28	90000	61	2201
陕 西	Shaanxi	39	1393904	1147	10379800	1301	125741
甘 肃	Gansu	13	157920	274	948987	228	13706
青 海	Qinghai	7	67189	151	124090	381	550
宁 夏	Ningxia	6	69766	99	71400	57	3320
新 疆	Xinjiang	12	130799	236	588250	295	1142
新疆兵团	Xinjiang Corps	4	30353	61	11000	135	5150

注：截至2022年底，全国共有国家级孵化器1425家，其中上报数据的国家级孵化器1406家，表中有关数据均为1406家上报数据的国家级孵化器汇总数据。

3-7 各地区国家级科技企业孵化器孵化企业情况
Tenants Statistics of State Level TBIs by Region

单位：个 (unit)

地区	Region	在孵企业数 Number of Tenants	高新技术企业 Hi-tech Enterprises	当年新增在孵企业 New Incubatees	累计毕业企业 Accumulated Number of Graduated Tenants	当年毕业企业 Number of Graduated Tenants of the Year	收入达5千万元企业数 Number of Tenants with Income More than 50 million yuan
合计	**Total**	**105313**	**10271**	**25582**	**140790**	**13770**	**3043**
东部地区	Eastern Region	63041	5904	15404	89530	8458	2290
中部地区	Middle Region	19502	2046	4796	23624	2664	398
西部地区	Western Region	16846	1551	4041	20054	2079	326
东北地区	Northeast Region	5924	770	1341	7582	569	29
北京	Beijing	5138	750	1176	11496	787	167
天津	Tianjin	2613	287	697	2714	310	101
河北	Hebei	3163	326	705	3461	349	36
山西	Shanxi	1094	102	264	1361	147	14
内蒙古	Inner Mongolia	1019	66	210	1101	101	5
辽宁	Liaoning	2285	318	608	3274	220	11
吉林	Jilin	1760	226	304	1842	173	17
黑龙江	Heilongjiang	1879	226	429	2466	176	1
上海	Shanghai	4013	314	981	3829	288	100
江苏	Jiangsu	18723	1920	4349	24921	2590	884
浙江	Zhejiang	7045	325	1662	11701	1032	221
安徽	Anhui	2921	223	829	3654	392	80
福建	Fujian	1587	254	438	2892	211	136
江西	Jiangxi	1785	111	403	1849	228	38
山东	Shandong	7602	827	1808	11190	935	171
河南	Henan	5038	632	1131	6394	754	116
湖北	Hubei	5718	676	1480	6674	698	96
湖南	Hunan	2946	302	689	3692	445	54
广东	Guangdong	12917	865	3521	17099	1912	461
广西	Guangxi	1829	96	450	2300	256	51
海南	Hainan	240	36	67	227	44	13
重庆	Chongqing	1665	65	433	2320	210	9
四川	Sichuan	3567	378	942	4431	416	78
贵州	Guizhou	686	76	244	729	72	13
云南	Yunnan	1235	82	252	1480	136	17
西藏	Tibet	134		20	138	17	2
陕西	Shaanxi	3077	637	756	4601	509	125
甘肃	Gansu	1011	55	205	757	66	13
青海	Qinghai	502	21	124	634	94	2
宁夏	Ningxia	349	3	51	419	36	
新疆	Xinjiang	1395	67	313	666	74	9
新疆兵团	Xinjiang Corps	377	5	41	478	92	2

3-8 各地区国家级科技企业孵化器孵化场地情况
Space Stastistics of State Level TBIs by Region

单位：平方米 (sq.m)

地区	Region	总面积 Total Space Area	办公用房 Space for Office	企业用房 Space for Tenants	服务用房 Space for Service	其他 Others
合计	**Total**	**44003362**	**1432379**	**32929771**	**5862813**	**3778400**
东部地区	Eastern Region	26853846	845250	19947002	3552893	2508701
中部地区	Middle Region	7030048	212918	5505087	930074	381969
西部地区	Western Region	7637935	303809	5654224	1064556	615345
东北地区	Northeast Region	2481532	70402	1823457	315289	272385
北京	Beijing	1541445	66818	1160870	211610	102147
天津	Tianjin	736861	17778	595614	82479	40991
河北	Hebei	1097428	31718	914005	99078	52627
山西	Shanxi	527782	11245	412510	65585	38443
内蒙古	Inner Mongolia	518756	42439	400910	68647	6760
辽宁	Liaoning	775631	20615	623158	101489	30369
吉林	Jilin	1175177	36621	824690	145351	168515
黑龙江	Heilongjiang	530724	13167	375609	68449	73500
上海	Shanghai	1179200	41919	935447	127862	73972
江苏	Jiangsu	9611759	369949	7182194	1143972	915644
浙江	Zhejiang	3034689	85119	2361677	366855	221038
安徽	Anhui	1005664	29209	778085	137529	60841
福建	Fujian	691006	17470	530265	86155	57115
江西	Jiangxi	794994	21944	655501	96394	21155
山东	Shandong	3926820	85764	2711615	634740	494701
河南	Henan	1671684	62407	1318903	234231	56142
湖北	Hubei	1902990	59067	1436351	255963	151609
湖南	Hunan	1126934	29046	903737	140372	53779
广东	Guangdong	4961539	122530	3500906	790123	547980
广西	Guangxi	703305	21113	550335	92116	39741
海南	Hainan	73098	6184	54408	10020	2486
重庆	Chongqing	449267	17952	339862	70540	20912
四川	Sichuan	1120428	32285	819833	170772	97538
贵州	Guizhou	584573	16485	453170	101748	13171
云南	Yunnan	527621	18395	435993	64428	8806
西藏	Tibet	26549	1529	20025	4128	867
陕西	Shaanxi	1651744	45519	1276017	235624	94585
甘肃	Gansu	385706	15046	264036	73790	32834
青海	Qinghai	717742	52751	400213	46038	218740
宁夏	Ningxia	238816	20738	191304	14427	12347
新疆	Xinjiang	609374	17677	435441	108983	47272
新疆兵团	Xinjiang Corps	104054	1880	67085	13315	21774

3-9 各地区国家级科技企业孵化器当年在孵企业情况

General Statistics of Tenants of State Level TBIs by Region

地　区	Region	在孵企业从业人员数(人) Number of Employees of Incubatees (person)	在孵企业总收入(千元) Total Income of Incubatees (1000 yuan)	当年获得投融资企业数(个) Number of Incubatees Obtained Investment and Finance (unit)	当年获风险投资额(千元) Amount of Venture Capital for Incubatees (1000 yuan)	当年获得孵化基金在孵企业数(个) Number of Incubatees Received Incubator Fund (unit)
合　计	**Total**	**1482836**	**548913483**	**9479**	**73416014**	**5409**
东部地区	Eastern Region	870908	368173107	6214	62117994	2884
中部地区	Middle Region	290180	77549701	1745	4904351	1411
西部地区	Western Region	239908	84124255	1222	5561786	912
东北地区	Northeast Region	81840	19066420	298	831884	202
北　京	Beijing	97796	74923186	516	15814106	156
天　津	Tianjin	35660	7235273	375	705424	223
河　北	Hebei	39554	8548144	216	360503	86
山　西	Shanxi	15061	3964287	93	115397	72
内蒙古	Inner Mongolia	13269	5714751	30	64708	21
辽　宁	Liaoning	34303	7745933	100	342846	55
吉　林	Jilin	31802	8130980	161	332138	115
黑龙江	Heilongjiang	15735	3189508	37	156900	32
上　海	Shanghai	41536	16509645	409	8537271	142
江　苏	Jiangsu	270331	109606900	1766	15394896	686
浙　江	Zhejiang	83704	29429643	735	3409411	446
安　徽	Anhui	33645	16949722	245	1092776	155
福　建	Fujian	21722	6582843	211	1229066	79
江　西	Jiangxi	32668	7369078	164	192813	253
山　东	Shandong	107902	35589769	591	2338993	481
河　南	Henan	89053	19252353	671	740792	589
湖　北	Hubei	72152	18559085	381	1801305	291
湖　南	Hunan	47601	11455176	191	961268	51
广　东	Guangdong	166825	62938328	1378	14212983	578
广　西	Guangxi	18624	4778359	123	182444	85
海　南	Hainan	5878	16809377	17	115340	7
重　庆	Chongqing	20076	4817394	122	154007	51
四　川	Sichuan	56329	12219906	324	2209856	301
贵　州	Guizhou	9310	2752792	58	157785	30
云　南	Yunnan	12552	6089305	60	166264	49
西　藏	Tibet	1327	139200	9	24750	5
陕　西	Shaanxi	70665	23537620	311	1795557	232
甘　肃	Gansu	11605	2585957	59	504358	36
青　海	Qinghai	6395	16497868	35	187870	24
宁　夏	Ningxia	2942	957551	25	46655	6
新　疆	Xinjiang	13811	2690657	32	60623	24
新疆兵团	Xinjiang Corps	3003	1342894	34	6910	48

3-10 计划单列市科技企业孵化器基本情况
General Statistics of TBIs of the Cities Listed Independently in the State Plan

地 区	Region	统计孵化器数量 (个) Number of TBIs with Data (unit)	孵化器总收入 (千元) Total Income of TBIs (1000 yuan)	管理机构从业人员数 (人) Number of Management Personnel (person)	孵化基金总额 (千元) Total Incubator Fund (1000 yuan)	创业导师人数 (人) Number of Innovation Mentors (person)	对公共技术服务平台投资额 (千元) Investment into the Public Service Platform (1000 yuan)
合 计	**Total**	**399**	**6319116**	**4990**	**23366491**	**6134**	**705269**
大 连	Dalian	33	137545	403	286765	447	18658
宁 波	Ningbo	50	383785	536	2114639	823	54855
厦 门	Xiamen	48	778509	631	1627761	1016	28087
青 岛	Qingdao	49	875234	641	2447653	1462	342002
深 圳	Shenzhen	219	4144044	2779	16889673	2386	261667

3-11 计划单列市科技企业孵化器孵化企业情况
Tenants Statistics of TBIs of the Cities Listed Independently in the State Plan

单位：个 (unit)

地 区	Region	在孵企业数 Number of Tenants	高新技术企业 Hi-tech Enterprises	当年新增在孵企业 New Incubatees	累计毕业企业 Accumulated Number of Graduated Tenants	当年毕业企业 Number of Graduated Tenants of the Year	收入达5千万元企业数 Number of Tenants with Income More than 50 million yuan
合 计	**Total**	**15185**	**1191**	**4184**	**18018**	**2171**	**427**
大 连	Dalian	1442	150	419	1732	147	1
宁 波	Ningbo	2291	117	505	2593	348	45
厦 门	Xiamen	2085	178	740	2213	271	142
青 岛	Qingdao	2221	194	533	2122	256	29
深 圳	Shenzhen	7146	552	1987	9358	1149	210

3-12 计划单列市科技企业孵化器孵化场地情况
Space Statistics of TBIs of the Cities Listed Independently in the State Plan

单位：平方米 (sq.m)

地区	Region	总面积 Total Space Area	办公用房 Space for Office	企业用房 Space for Tenants	服务用房 Space for Service	其他 Others
合计	**Total**	**7164527**	**390012**	**5118412**	**811579**	**844525**
大连	Dalian	398162	12364	289826	61536	34436
宁波	Ningbo	1016550	58726	744291	135176	78358
厦门	Xiamen	949823	57110	668090	115208	109414
青岛	Qingdao	902223	34146	635926	129293	102857
深圳	Shenzhen	3897769	227665	2780278	370366	519459

3-13 计划单列市科技企业孵化器当年在孵企业情况
Annual Statistics of Incubatees of TBIs of the Cities Listed Independently in the State Plan

地区	Region	在孵企业从业人员数（人） Number of Employees of Incubatees (person)	在孵企业总收入（千元） Total Income of Incubatees (1000 yuan)	当年获得投融资企业数（个） Number of Incubatees Obtained Investment and Finance (unit)	当年获风险投资额（千元） Amount of Venture Capital for Incubatees (1000 yuan)	当年获得孵化基金在孵企业数（个） Number of Incubatees Received Incubator Fund (unit)
合计	**Total**	**195944**	**70899436**	**1257**	**13703640**	**694**
大连	Dalian	12445	3789694	68	292375	43
宁波	Ningbo	25544	9736486	272	707793	121
厦门	Xiamen	22532	7198032	199	1231269	78
青岛	Qingdao	27455	7816890	128	1337906	189
深圳	Shenzhen	107968	42358333	590	10134298	263

3-14 计划单列市国家级科技企业孵化器基本情况
General Statistics of State Level TBIs of the Cities Listed Independently in the State Plan

地 区	Region	统计孵化器数量 (个) Number of TBIs with Data (unit)	孵化器总收入 (千元) Total Income of TBIs (1000 yuan)	管理机构从业人员数 (人) Number of Management Personnel (person)	孵化基金总额 (千元) Total Incubator Fund (1000 yuan)	创业导师人数 (人) Number of Innovation Mentors (person)	对公共技术服务平台投资额 (千元) Investment into the Public Service Platform (1000 yuan)
合 计	**Total**	**96**	**2400624**	**1656**	**7897664**	**2229**	**264549**
大 连	Dalian	13	97792	203	146500	132	17649
宁 波	Ningbo	13	191663	220	943500	367	14164
厦 门	Xiamen	10	547062	284	718761	191	21147
青 岛	Qingdao	21	640559	394	1185353	627	72932
深 圳	Shenzhen	39	923548	555	4903550	912	138658

3-15 计划单列市国家级科技企业孵化器孵化企业情况
Tenants Statistics of State Level TBIs of the Cities Listed Independently in the State Plan

单位：个 (unit)

地 区	Region	在孵企业数 Number of Tenants	高新技术企业 Hi-tech Enterprises	当年新增在孵企业 New Incubatees	累计毕业企业 Accumulated Number of Graduated Tenants	当年毕业企业 Number of Graduated Tenants of the Year	收入达5千万元企业数 Number of Tenants with Income More than 50 million yuan
合 计	**Total**	**7016**	**743**	**1937**	**12148**	**1008**	**277**
大 连	Dalian	675	120	239	1026	73	1
宁 波	Ningbo	1118	91	296	2063	195	32
厦 门	Xiamen	976	136	315	1763	135	134
青 岛	Qingdao	1465	148	335	1844	166	27
深 圳	Shenzhen	2782	248	752	5452	439	83

3-16 计划单列市国家级科技企业孵化器孵化场地情况

Space Statistics of State Level TBIs of the Cities Listed Independently in the State Plan

单位：平方米 (sq.m)

地　区	Region	总面积 Total Space Area	办公用房 Space for Office	企业用房 Space for Tenants	服务用房 Space for Service	其他 Others
合　计	**Total**	**2817265**	**80922**	**2169148**	**347337**	**219859**
大　连	Dalian	236611	5361	184870	29842	16538
宁　波	Ningbo	451275	19494	331688	60286	39808
厦　门	Xiamen	455876	10878	351816	52157	41025
青　岛	Qingdao	671187	16552	471913	96034	86688
深　圳	Shenzhen	1002316	28637	828861	109017	35800

3-17 计划单列市国家级科技企业孵化器当年在孵企业情况

General Statistics of Tenants of State Level TBIs of the Cities Listed Independently in the State Plan

地　区	Region	在孵企业从业人员数（人） Number of Employees of Incubatees (person)	在孵企业总收入（千元） Total Income of Incubatees (1000 yuan)	当年获得投融资企业数（个） Number of Incubatees Obtained Investment and Finance (unit)	当年获风险投资额（千元） Amount of Venture Capital for Incubatees (1000 yuan)	当年获得孵化基金在孵企业数（个） Number of Incubatees Received Incubator Fund (unit)
合　计	**Total**	**95149**	**32145536**	**772**	**9966502**	**389**
大　连	Dalian	7175	2566498	53	280505	25
宁　波	Ningbo	16140	5997303	159	517462	77
厦　门	Xiamen	14887	3709879	163	1002250	55
青　岛	Qingdao	21885	5687273	87	1217995	154
深　圳	Shenzhen	35062	14184582	310	6948290	78

第四部分

众创空间

The Fourth Part

Mass Maker Spaces

4-1 各地区众创空间基本运营情况
General Statistics of Mass Maker Spaces by Region

地 区	Region	统计众创空间数(个) Number of Mass Maker Spaces with Data (unit)	众创空间总收入(千元) Total Income of Mass Maker Spaces (1000 yuan)	提供工位数(个) Number of Cubicles Offered (unit)	众创空间服务人员数量(人) Number of Service Personnel (person)	创业导师人数(人) Number of Innovation Mentors (person)	享受财政资金支持额(千元) Received Fiscial Fund Support (1000 yuan)
合 计	**Total**	**9409**	**22895070**	**1511801**	**98305**	**166391**	**2733800**
东部地区	Eastern Region	5246	13374018	826780	47770	86112	1578762
中部地区	Middle Region	1902	4643236	331622	22503	31897	567237
西部地区	Western Region	1823	4060791	283901	23220	38070	485186
东北地区	Northeast Region	438	617024	69498	4812	10312	102615
北 京	Beijing	233	3197734	87196	3749	8213	162271
天 津	Tianjin	223	486128	40695	2091	6857	68827
河 北	Hebei	649	581546	66434	5462	9153	32790
山 西	Shanxi	303	499070	51123	4085	4167	21962
内蒙古	Inner Mongolia	154	208565	21366	2279	2898	43555
辽 宁	Liaoning	288	438188	49328	3245	7785	91208
吉 林	Jilin	94	119077	12856	1101	1708	2827
黑龙江	Heilongjiang	56	59759	7314	466	819	8580
上 海	Shanghai	170	1002221	46863	1613	2856	146213
江 苏	Jiangsu	1157	2230072	127339	8888	12437	541337
浙 江	Zhejiang	851	2013927	150518	7772	14809	300890
安 徽	Anhui	311	562196	36989	2993	3896	119593
福 建	Fujian	389	703861	56501	3742	7460	39566
江 西	Jiangxi	214	1144566	67636	3924	4126	75042
山 东	Shandong	528	1136417	78694	5807	9580	104549
河 南	Henan	332	580136	59559	3913	6519	75337
湖 北	Hubei	429	1318894	64062	4456	7480	129817
湖 南	Hunan	313	538375	52253	3132	5709	145486
广 东	Guangdong	1034	2208722	169878	8514	14461	176669
广 西	Guangxi	126	115303	12726	1258	2489	2645
海 南	Hainan	12	13390	2662	132	286	5649
重 庆	Chongqing	393	1012723	84274	4430	6808	151745
四 川	Sichuan	219	585528	35339	2401	6307	84325
贵 州	Guizhou	83	274925	11994	1510	1721	8486
云 南	Yunnan	146	269713	21091	1781	4606	22365
西 藏	Tibet	33	99735	3623	370	795	5778
陕 西	Shaanxi	234	791476	53953	2746	5350	128907
甘 肃	Gansu	248	483194	20358	4197	3542	20424
青 海	Qinghai	52	51113	3420	479	1200	5130
宁 夏	Ningxia	52	67407	6290	586	876	7251
新 疆	Xinjiang	51	55734	4914	493	1126	3296
新疆兵团	Xinjiang Corps	32	45375	4553	690	352	1279

4-2 各地区众创空间服务情况
Service Statistics of Mass Maker Spaces by Region

地　区	Region	当年服务的创业团队数 (个) Number of Serviced Entrepreneurial Groups (unit)	当年服务的初创企业的数 (个) Number of Serviced Startup Companies (unit)	举办创新创业活动 (场次) Number of Activities for Business Creation and Innovation (item)	开展创业教育培训 (场次) Number of Training Programs on Entrepreneurship (item)	当年获得技术支撑服务的团队和企业数 (个) Number of Groups and Startups Received Technical Support (unit)
合　计	**Total**	**215630**	**235307**	**131433**	**94550**	**94807**
东部地区	Eastern Region	103500	131034	64736	46126	49562
中部地区	Middle Region	56846	49676	33862	24338	21122
西部地区	Western Region	42760	43594	26363	19422	18351
东北地区	Northeast Region	12524	11003	6472	4664	5772
北　京	Beijing	10630	14173	5152	2731	3969
天　津	Tianjin	5582	6454	3651	2430	2838
河　北	Hebei	11396	10478	7210	5667	4386
山　西	Shanxi	8242	9846	7854	4810	2354
内 蒙 古	Inner Mongolia	3103	3137	2162	1566	1325
辽　宁	Liaoning	8743	7461	4733	3071	4088
吉　林	Jilin	2376	1676	1082	1154	1086
黑 龙 江	Heilongjiang	1405	1866	657	439	598
上　海	Shanghai	2842	6942	3162	1646	3003
江　苏	Jiangsu	17806	27176	11013	7260	8468
浙　江	Zhejiang	17915	20985	10996	8793	9078
安　徽	Anhui	5206	5978	4078	2944	2657
福　建	Fujian	6460	5708	4119	3376	2188
江　西	Jiangxi	12268	5199	3904	3593	2236
山　东	Shandong	9835	10516	7232	5793	5147
河　南	Henan	13026	9249	5794	4161	5458
湖　北	Hubei	11211	12146	7322	5077	4321
湖　南	Hunan	6893	7258	4910	3753	4096
广　东	Guangdong	20467	27822	11859	8222	10370
广　西	Guangxi	2659	2144	1330	962	1231
海　南	Hainan	567	780	342	208	115
重　庆	Chongqing	8648	10765	5878	4239	3838
四　川	Sichuan	5429	5896	4250	2827	2411
贵　州	Guizhou	1861	1156	1052	674	654
云　南	Yunnan	5577	4266	2268	1796	1333
西　藏	Tibet	275	1301	616	386	185
陕　西	Shaanxi	4571	6696	3988	3145	3043
甘　肃	Gansu	5430	3487	2313	2100	2756
青　海	Qinghai	756	929	578	421	190
宁　夏	Ningxia	966	940	726	475	492
新　疆	Xinjiang	2266	2162	897	566	574
新疆兵团	Xinjiang Corps	1219	715	305	265	319

4-2 续表 continued

地 区	Region	当年获得投融资的创业团队数（个）Number of Entrepreneurial Groups that Received Investment (unit)	当年获得投融资的初创企业数（个）Number of Startup Companies that Received Investment (unit)	创业团队当年获得投融资总额（千元）Amount of Investment Received by Entrepreneurial Groups (1000 yuan)	初创企业当年获得投融资总额（千元）Amount of Investment Received by Startup Companies (1000 yuan)
合 计	**Total**	**10491**	**9850**	**15266882**	**45594883**
东部地区	Eastern Region	4164	5504	12403648	39913311
中部地区	Middle Region	3895	2577	1560949	3487531
西部地区	Western Region	1960	1504	1153178	1953780
东北地区	Northeast Region	472	265	149108	240262
北 京	Beijing	286	545	9421674	17905456
天 津	Tianjin	119	189	93014	1037245
河 北	Hebei	373	333	57371	373910
山 西	Shanxi	206	218	115654	112760
内 蒙 古	Inner Mongolia	108	56	49067	29107
辽 宁	Liaoning	406	174	88537	206678
吉 林	Jilin	50	61	58401	22892
黑 龙 江	Heilongjiang	16	30	2170	10693
上 海	Shanghai	65	341	301509	7470077
江 苏	Jiangsu	741	1268	573521	3494815
浙 江	Zhejiang	692	856	371705	2019088
安 徽	Anhui	293	326	91049	325515
福 建	Fujian	412	315	302889	266166
江 西	Jiangxi	611	414	224271	247487
山 东	Shandong	332	344	258027	1331124
河 南	Henan	1430	564	147196	297010
湖 北	Hubei	457	539	858267	1504546
湖 南	Hunan	898	516	124511	1000213
广 东	Guangdong	1139	1297	1017819	6003170
广 西	Guangxi	284	115	109388	34010
海 南	Hainan	5	16	6120	12260
重 庆	Chongqing	303	379	433302	475127
四 川	Sichuan	252	220	148435	440597
贵 州	Guizhou	55	51	16622	23661
云 南	Yunnan	160	80	28221	104196
西 藏	Tibet	11	71	1695	14894
陕 西	Shaanxi	303	237	172217	660800
甘 肃	Gansu	237	118	160623	57199
青 海	Qinghai	53	35	9585	60405
宁 夏	Ningxia	34	22	18700	44215
新 疆	Xinjiang	123	110	1683	8015
新疆兵团	Xinjiang Corps	37	10	3640	1555

4-3 各地区众创空间创业团队和企业情况

Statistics of Groups and Startups of Mass Maker Spaces by Region

地区	Region	创业团队人员数（人）Number of Employment by Entrepreneurial Groups (person)	应届大学毕业生（人）Number of Recruited College Graduates (person)	常驻创业团队拥有有效知识产权数（个）Valid IPRs Held by Tenants (piece)	发明专利数（个）Invention Patents (piece)	新注册企业数（家）Newly Registered Companies (unit)
合计	**Total**	**818498**	**113365**	**164806**	**25221**	**83500**
东部地区	Eastern Region	370125	46987	85320	14888	44287
中部地区	Middle Region	229572	37280	51161	5722	18690
西部地区	Western Region	166937	22374	23333	3900	15326
东北地区	Northeast Region	51864	6724	4992	711	5197
北京	Beijing	56972	4017	32848	4898	3794
天津	Tianjin	18552	1819	3968	533	2118
河北	Hebei	36096	3611	2837	461	3538
山西	Shanxi	29771	4167	5053	407	3130
内蒙古	Inner Mongolia	18300	3468	1603	151	729
辽宁	Liaoning	37874	5067	2761	538	4279
吉林	Jilin	9083	905	1729	135	443
黑龙江	Heilongjiang	4907	752	502	38	475
上海	Shanghai	8989	757	2480	331	1976
江苏	Jiangsu	52811	7857	11543	2600	7730
浙江	Zhejiang	64620	9119	8562	2203	7853
安徽	Anhui	20259	2875	2447	455	2216
福建	Fujian	26072	4210	4730	447	2210
江西	Jiangxi	65149	10606	22347	772	2334
山东	Shandong	39294	4886	5851	1083	3948
河南	Henan	41716	8783	7227	1354	2747
湖北	Hubei	42262	5677	8751	1631	4837
湖南	Hunan	30415	5172	5336	1103	3426
广东	Guangdong	65263	10557	11848	2173	10871
广西	Guangxi	9476	1278	1030	116	790
海南	Hainan	1456	154	653	159	249
重庆	Chongqing	36558	4989	6646	1154	5077
四川	Sichuan	19566	2576	2568	358	1959
贵州	Guizhou	11155	881	1665	119	652
云南	Yunnan	17309	2907	2296	299	1862
西藏	Tibet	1327	138	189	41	178
陕西	Shaanxi	18827	2318	3941	878	1948
甘肃	Gansu	20040	2690	2276	506	781
青海	Qinghai	2296	156	259	105	135
宁夏	Ningxia	3424	428	330	44	303
新疆	Xinjiang	6414	428	281	47	614
新疆兵团	Xinjiang Corps	2245	117	249	82	298

4-3 续表 continued

地区	Region	初创企业吸纳就业人数（人）Number of Employment by Startups (person)	应届大学毕业生（人）Number of Recruited College Graduates (person)	常驻初创企业拥有有效知识产权数（个）Valid IPRs Held by Startups (piece)	发明专利数（个）Invention Patents (piece)
合 计	**Total**	**1057741**	**136002**	**352983**	**50459**
东部地区	Eastern Region	557743	65929	215602	33263
中部地区	Middle Region	243188	37692	75711	7675
西部地区	Western Region	210464	24962	49649	7625
东北地区	Northeast Region	46346	7419	12021	1896
北 京	Beijing	94485	8252	57128	8057
天 津	Tianjin	23291	2991	10021	1518
河 北	Hebei	37492	3478	5544	559
山 西	Shanxi	32815	4954	8144	511
内蒙古	Inner Mongolia	16385	1564	2159	388
辽 宁	Liaoning	33449	5882	8028	1509
吉 林	Jilin	5433	580	1324	112
黑龙江	Heilongjiang	7464	957	2669	275
上 海	Shanghai	36572	3591	23975	4659
江 苏	Jiangsu	106597	13279	39130	6702
浙 江	Zhejiang	85193	12046	20170	4103
安 徽	Anhui	29942	3987	13760	1050
福 建	Fujian	24752	2690	7583	669
江 西	Jiangxi	35869	6805	15235	657
山 东	Shandong	45522	6300	10045	1244
河 南	Henan	46461	7635	13381	1552
湖 北	Hubei	52270	7585	16033	2084
湖 南	Hunan	45831	6726	9158	1821
广 东	Guangdong	100970	12835	40321	5643
广 西	Guangxi	7728	1232	1475	205
海 南	Hainan	2869	467	1685	109
重 庆	Chongqing	58005	7645	10779	1653
四 川	Sichuan	27908	3843	12087	845
贵 州	Guizhou	5421	560	1152	86
云 南	Yunnan	17183	1351	3986	323
西 藏	Tibet	6243	690	872	106
陕 西	Shaanxi	39246	4473	12520	3287
甘 肃	Gansu	15240	2227	1722	299
青 海	Qinghai	3995	153	360	125
宁 夏	Ningxia	5158	454	1185	109
新 疆	Xinjiang	6300	576	1100	100
新疆兵团	Xinjiang Corps	1652	194	252	99

4-4 各地区众创空间收入情况
Income Statistics of Mass Maker Space by Region

单位：千元 (1000 yuan)

地区	Region	众创空间总收入 Total Income	服务收入 Service Income	房租及物业收入 Rent and Logistics Income	投资收入 Investment Income	财政补贴 Fiscal Subsidy
合计	**Total**	**22895070**	**8369250**	**7221236**	**1348361**	**2851060**
东部地区	Eastern Region	13574018	4829849	5159843	698960	1442798
中部地区	Middle Region	4643236	1754247	1000425	323295	573679
西部地区	Western Region	4060791	1528531	879283	304556	751584
东北地区	Northeast Region	617024	256621	181684	21550	83000
北京	Beijing	3197734	935563	1903360	38583	134261
天津	Tianjin	486128	223811	72538	7335	75997
河北	Hebei	581546	149993	92571	39262	130839
山西	Shanxi	499070	181122	108874	53022	46325
内蒙古	Inner Mongolia	208565	86319	50011	16019	33864
辽宁	Liaoning	438188	163640	141534	15968	65980
吉林	Jilin	119077	66366	22943	5471	8006
黑龙江	Heilongjiang	59759	26615	17208	112	9013
上海	Shanghai	1002221	233019	490191	5768	98353
江苏	Jiangsu	2230072	838453	631382	128324	347194
浙江	Zhejiang	2013927	581603	618311	325035	320592
安徽	Anhui	562196	149437	126340	43240	84636
福建	Fujian	703861	312531	171469	65660	75170
江西	Jiangxi	1144566	383410	258429	65129	88112
山东	Shandong	1136417	668563	161044	29079	135217
河南	Henan	580136	244745	119470	41476	71288
湖北	Hubei	1318894	607335	246727	63781	157549
湖南	Hunan	538375	188198	140585	56647	125768
广东	Guangdong	2208722	884065	1013866	59682	122850
广西	Guangxi	115303	46788	30667	2111	13792
海南	Hainan	13390	2248	5112	232	2325
重庆	Chongqing	1012723	368653	276470	58589	193002
四川	Sichuan	585528	228883	84557	21180	157065
贵州	Guizhou	274925	82923	57669	26060	15571
云南	Yunnan	269713	79010	44011	36596	37894
西藏	Tibet	99735	20966	7052	23485	32571
陕西	Shaanxi	791476	313480	222351	75630	124140
甘肃	Gansu	483194	203237	56344	38072	107580
青海	Qinghai	51113	22383	8238	446	10069
宁夏	Ningxia	67407	33012	13470	981	10498
新疆	Xinjiang	55734	26474	10958	440	12980
新疆兵团	Xinjiang Corps	45375	16404	17486	4947	2557

4-5 各地区国家备案众创空间基本运营情况

General Statistics of National Mass Maker Spaces by Region

地　区	Region	统计众创空间数（个）Number of Mass Maker Spaces with Data (unit)	众创空间总收入（千元）Total Income of Mass Maker Spaces (1000 yuan)	提供工位数（个）Number of Cubicles Offered (unit)	众创空间服务人员数（人）Number of Service Personnel (person)	创业导师人数（人）Number of Innovation Mentors (person)	享受财政资金支持额（千元）Received Fiscial Fund Support (1000 yuan)
合　计	**Total**	**2353**	**7634138**	**516980**	**25802**	**68146**	**1074389**
东部地区	Eastern Region	1387	5130044	301055	13940	37358	604906
中部地区	Middle Region	373	1069140	85690	4678	10913	194546
西部地区	Western Region	470	1170309	104738	5600	15653	200827
东北地区	Northeast Region	123	264644	25497	1584	4222	74110
北　京	Beijing	141	1808794	60834	2482	6134	105564
天　津	Tianjin	88	169447	17751	879	4187	18904
河　北	Hebei	108	95183	13834	974	2310	10292
山　西	Shanxi	45	92160	10933	623	1145	8395
内蒙古	Inner Mongolia	50	63290	8292	638	1077	18252
辽　宁	Liaoning	69	159139	16325	874	2703	65563
吉　林	Jilin	24	62534	5037	430	843	1217
黑龙江	Heilongjiang	30	42971	4135	280	676	7330
上　海	Shanghai	58	315042	19992	542	1792	95175
江　苏	Jiangsu	267	543127	39135	2329	3933	154815
浙　江	Zhejiang	188	536220	42112	1642	5893	114343
安　徽	Anhui	66	165317	10151	695	1208	37486
福　建	Fujian	66	168857	16081	467	1691	13791
江　西	Jiangxi	41	252455	17622	827	1232	16374
山　东	Shandong	209	751021	39785	2304	5397	41508
河　南	Henan	72	155670	19561	887	2361	28653
湖　北	Hubei	88	292899	16382	1022	2620	62869
湖　南	Hunan	61	110641	11041	624	2347	40769
广　东	Guangdong	259	736584	50852	2302	5914	50128
广　西	Guangxi	33	37272	3777	256	827	1418
海　南	Hainan	3	5769	679	19	107	385
重　庆	Chongqing	66	212783	25441	686	1759	57504
四　川	Sichuan	72	196929	15730	703	3099	26683
贵　州	Guizhou	23	45992	2751	281	555	3180
云　南	Yunnan	37	51411	5903	539	2247	7708
西　藏	Tibet	8	23927	818	98	399	350
陕　西	Shaanxi	86	396667	29403	1318	3501	75242
甘　肃	Gansu	31	74807	3225	502	647	7696
青　海	Qinghai	11	9101	462	94	362	254
宁　夏	Ningxia	9	10399	2367	86	125	355
新　疆	Xinjiang	31	32830	3245	271	883	1425
新疆兵团	Xinjiang Corps	13	14901	3324	128	172	760

注：截至2022年底，全国共有国家备案众创空间2441家，其中上报数据的国家备案众创空间2353家，表中有关数据均为2353家上报数据的国家备案众创空间汇总数据。

4-6 各地区国家备案众创空间服务情况

Service Statistics of National Mass Maker Spaces by Region

地 区	Region	当年服务的创业团队数 (个) Number of Serviced Entrepreneurial Groups (unit)	当年服务的初创企业的数 (个) Number of Serviced Startup Companies (unit)	举办创新创业活动 (场次) Number of Activities for Business Creation and Innovation (item)	开展创业教育培训 (场次) Number of Training Programs on Entrepreneurship (item)	当年获得技术支撑服务的团队和企业数 (个) Number of Groups and Startups Received Technical Support (unit)
合 计	**Total**	**76797**	**93102**	**44772**	**31019**	**35791**
东部地区	Eastern Region	39606	54183	24379	15835	19841
中部地区	Middle Region	15260	16767	8570	6639	6894
西部地区	Western Region	16331	17373	9321	6866	6795
东北地区	Northeast Region	5600	4779	2502	1679	2261
北 京	Beijing	7201	10621	3640	1760	2815
天 津	Tianjin	2857	3415	1669	1163	1309
河 北	Hebei	2685	2363	1710	1048	1082
山 西	Shanxi	1624	2745	1103	650	528
内 蒙 古	Inner Mongolia	1655	1736	918	578	615
辽 宁	Liaoning	3655	2794	1615	1022	1596
吉 林	Jilin	830	565	405	339	352
黑 龙 江	Heilongjiang	1115	1420	482	318	313
上 海	Shanghai	1447	3833	1582	901	1474
江 苏	Jiangsu	5199	8202	3219	2117	2626
浙 江	Zhejiang	6697	8562	3795	2848	3111
安 徽	Anhui	1458	2559	1261	844	983
福 建	Fujian	1182	1667	954	626	459
江 西	Jiangxi	2199	1363	1047	1345	547
山 东	Shandong	5159	5910	3728	2748	2761
河 南	Henan	4467	3225	1423	1087	2052
湖 北	Hubei	3426	4486	2263	1422	1371
湖 南	Hunan	2086	2389	1473	1291	1413
广 东	Guangdong	7027	9328	3995	2580	4178
广 西	Guangxi	1340	1022	435	287	535
海 南	Hainan	152	282	87	44	26
重 庆	Chongqing	2070	2870	1747	1388	988
四 川	Sichuan	2033	2478	1462	1042	1190
贵 州	Guizhou	634	460	421	203	176
云 南	Yunnan	1804	1212	710	383	360
西 藏	Tibet	112	406	134	102	28
陕 西	Shaanxi	2727	3784	2077	1874	1462
甘 肃	Gansu	1333	968	294	310	669
青 海	Qinghai	208	313	201	136	22
宁 夏	Ningxia	294	314	112	65	112
新 疆	Xinjiang	1388	1374	683	399	436
新疆兵团	Xinjiang Corps	733	436	127	99	202

4-6 续表 continued

地 区	Region	当年获得投融资的创业团队数（个）Number of Entrepreneurial Groups that Received Investment (unit)	当年获得投融资的初创企业数（个）Number of Startup Companies that Received Investment (unit)	创业团队当年获得投融资总额（千元）Amount of Investment Received by Entrepreneurial Groups (1000 yuan)	初创企业当年获得投融资总额（千元）Amount of Investment Received by Startup Companies (1000 yuan)
合 计	**Total**	**3919**	**3266**	**5950595**	**23024211**
东部地区	Eastern Region	1401	2019	5353651	20354441
中部地区	Middle Region	1613	653	293290	1792005
西部地区	Western Region	703	493	256912	809278
东北地区	Northeast Region	202	101	46742	68487
北 京	Beijing	182	365	4584390	9366697
天 津	Tianjin	74	101	65467	751458
河 北	Hebei	72	69	7262	32253
山 西	Shanxi	49	64	32150	79440
内蒙古	Inner Mongolia	21	21	2343	5309
辽 宁	Liaoning	173	58	11072	56997
吉 林	Jilin	15	16	33800	1027
黑龙江	Heilongjiang	14	27	1870	10463
上 海	Shanghai	31	136	51442	3807370
江 苏	Jiangsu	218	347	60691	1345762
浙 江	Zhejiang	253	325	177555	1046073
安 徽	Anhui	89	108	14208	73826
福 建	Fujian	47	68	24047	68408
江 西	Jiangxi	88	81	38774	31286
山 东	Shandong	129	173	133642	1073876
河 南	Henan	793	162	34235	70879
湖 北	Hubei	75	94	146747	798120
湖 南	Hunan	519	144	27176	738455
广 东	Guangdong	395	431	249156	2860144
广 西	Guangxi	224	72	3834	5268
海 南	Hainan		4		2400
重 庆	Chongqing	46	84	50960	73664
四 川	Sichuan	43	54	99794	146460
贵 州	Guizhou	17	16	1032	3341
云 南	Yunnan	29	29	8773	12136
西 藏	Tibet		24		9126
陕 西	Shaanxi	158	128	64416	505928
甘 肃	Gansu	18	24	10970	34746
青 海	Qinghai	11	9	5600	1060
宁 夏	Ningxia	8	8	6219	8810
新 疆	Xinjiang	118	18	981	2231
新疆兵团	Xinjiang Corps	10	6	1990	1200

4-7 各地区国家备案众创空间创业团队和企业情况

Statistics of Groups and Startups of National Mass Maker Spaces by Region

地区	Region	创业团队人员数（人）Number of Employment by Entrepreneurial Groups (person)	应届大学毕业生（人）Number of Recruited College Graduates (person)	常驻创业团队拥有有效知识产权数（个）Valid IPRs Held by Tenants (piece)	发明专利数（个）Invention Patents (piece)	新注册企业数（家）Newly Registered Companies (unit)
合计	**Total**	**287916**	**44507**	**57226**	**9723**	**26162**
东部地区	Eastern Region	139723	18854	37270	5831	14523
中部地区	Middle Region	64781	13207	11482	2283	5093
西部地区	Western Region	59622	9076	6883	1298	4895
东北地区	Northeast Region	23790	3370	1591	311	1651
北京	Beijing	34744	2510	18010	2063	2465
天津	Tianjin	10325	1178	2460	346	1052
河北	Hebei	8028	1140	698	176	739
山西	Shanxi	7354	1515	775	98	634
内蒙古	Inner Mongolia	11191	2480	1078	100	309
辽宁	Liaoning	15843	2192	764	206	1319
吉林	Jilin	4027	514	675	85	135
黑龙江	Heilongjiang	3920	664	152	20	197
上海	Shanghai	3689	458	960	165	806
江苏	Jiangsu	15738	2554	3992	964	2300
浙江	Zhejiang	18828	3493	3056	727	2489
安徽	Anhui	4536	799	803	129	729
福建	Fujian	4349	630	751	73	563
江西	Jiangxi	17437	4051	2431	395	519
山东	Shandong	20016	2539	3123	415	1880
河南	Henan	14070	3210	2550	544	811
湖北	Hubei	11659	1959	3291	531	1748
湖南	Hunan	9725	1673	1632	586	652
广东	Guangdong	23693	4336	4153	898	2116
广西	Guangxi	4753	464	442	44	310
海南	Hainan	313	16	67	4	113
重庆	Chongqing	8793	1597	1365	228	850
四川	Sichuan	7998	1067	869	159	774
贵州	Guizhou	2249	291	166	17	126
云南	Yunnan	3921	435	697	118	313
西藏	Tibet	587	68	107	28	67
陕西	Shaanxi	8991	1371	1427	420	999
甘肃	Gansu	4648	767	186	43	216
青海	Qinghai	568	39	70	22	83
宁夏	Ningxia	1005	128	114	11	121
新疆	Xinjiang	3132	285	221	33	463
新疆兵团	Xinjiang Corps	1786	84	141	75	264

4-7 续表 continued

地 区	Region	初创企业吸纳就业人数（人）Number of Employment by Startups (person)	应届大学毕业生（人）Number of Recruited College Graduates (person)	常驻初创企业拥有有效知识产权数（个）Valid IPRs Held by Startups (piece)	发明专利数（个）Invention Patents (piece)
合 计	**Total**	**419608**	**54885**	**162363**	**22723**
东部地区	Eastern Region	232313	26738	100791	14834
中部地区	Middle Region	79178	13805	31002	3150
西部地区	Western Region	89360	11359	24893	4172
东北地区	Northeast Region	18757	2983	5677	567
北 京	Beijing	55850	3788	35790	4966
天 津	Tianjin	12235	1645	5751	913
河 北	Hebei	9355	906	1873	188
山 西	Shanxi	9555	1689	2870	176
内 蒙 古	Inner Mongolia	8229	1029	1354	158
辽 宁	Liaoning	11049	1888	2874	297
吉 林	Jilin	1918	279	623	63
黑 龙 江	Heilongjiang	5790	816	2180	207
上 海	Shanghai	14899	1703	8427	1446
江 苏	Jiangsu	35589	4706	13246	2285
浙 江	Zhejiang	31756	4879	10907	1920
安 徽	Anhui	12647	1687	10128	307
福 建	Fujian	6116	574	1690	193
江 西	Jiangxi	9934	3213	2514	412
山 东	Shandong	25566	3172	5995	616
河 南	Henan	14449	2485	6056	589
湖 北	Hubei	18740	2906	6182	898
湖 南	Hunan	13853	1825	3252	768
广 东	Guangdong	40328	5265	16705	2305
广 西	Guangxi	4032	527	604	61
海 南	Hainan	619	100	407	2
重 庆	Chongqing	18225	2250	4294	554
四 川	Sichuan	13882	2236	5907	436
贵 州	Guizhou	1807	185	476	21
云 南	Yunnan	5218	469	1585	165
西 藏	Tibet	1879	348	252	46
陕 西	Shaanxi	23426	2921	8558	2490
甘 肃	Gansu	4676	710	431	64
青 海	Qinghai	1024	89	91	25
宁 夏	Ningxia	1882	129	293	33
新 疆	Xinjiang	4215	353	917	57
新疆兵团	Xinjiang Corps	865	113	131	62

4-8 各地区国家备案众创空间收入情况
Income Statistics of National Mass Maker Space by Region

单位：千元 (1000 yuan)

地 区	Region	众创空间总收入 Total Income	服务收入 Service Income	房租及物业收入 Rent and Logistics Income	投资收入 Investment Income	财政补贴 Fiscal Subsidy
合 计	**Total**	**7634138**	**3090306**	**2545589**	**285338**	**943656**
东部地区	Eastern Region	5130044	2185978	1864810	181743	525159
中部地区	Middle Region	1069140	392806	276639	28049	174365
西部地区	Western Region	1170309	426519	313900	70174	204623
东北地区	Northeast Region	264644	85003	90240	5371	39509
北 京	Beijing	1808794	663493	954383	30163	88225
天 津	Tianjin	169447	101985	34965	4840	20575
河 北	Hebei	95183	27953	22819	914	36691
山 西	Shanxi	92160	45410	29448	1795	7787
内 蒙 古	Inner Mongolia	63290	24757	17978	5646	9900
辽 宁	Liaoning	159139	30211	64920	3698	27774
吉 林	Jilin	62534	38654	9463	1561	4090
黑 龙 江	Heilongjiang	42971	16138	15857	112	7645
上 海	Shanghai	315042	89420	154727	2986	54372
江 苏	Jiangsu	543127	219263	138866	16252	89396
浙 江	Zhejiang	536220	146191	161965	81064	114947
安 徽	Anhui	165317	36384	31679	3096	31647
福 建	Fujian	168857	102380	45313	1483	12020
江 西	Jiangxi	252455	95874	92029	11669	22394
山 东	Shandong	751021	490092	95403	8867	50561
河 南	Henan	155670	56361	37745	2816	25993
湖 北	Hubei	292899	124330	49734	4821	54937
湖 南	Hunan	110641	34445	36005	3852	31608
广 东	Guangdong	736584	344470	252720	34944	57871
广 西	Guangxi	37272	12643	15138	1131	6690
海 南	Hainan	5769	730	3649	232	500
重 庆	Chongqing	212783	64150	65749	8255	42492
四 川	Sichuan	196929	94143	42077	3756	29686
贵 州	Guizhou	45992	14900	9360	1214	2420
云 南	Yunnan	51411	10290	9179	150	8911
西 藏	Tibet	23927	1427	5754	1600	10349
陕 西	Shaanxi	396667	140447	110938	46284	66430
甘 肃	Gansu	74807	34650	19493	1931	13004
青 海	Qinghai	9101	3156	1915		2860
宁 夏	Ningxia	10399	6186	2202	114	1675
新 疆	Xinjiang	32830	14862	8159	95	7990
新疆兵团	Xinjiang Corps	14901	4908	5959		2217

4-9 计划单列市众创空间基本运营情况

General Statistics of Mass Maker Spaces of the Cities Listed Independently in the State Plan

地　区	Region	统计众创空间数（个）Number of Mass Maker Spaces with Data (unit)	众创空间总收入（千元）Total Income of Mass Maker Spaces (1000 yuan)	提供工位数（个）Number of Cubicles Offered (unit)	众创空间服务人员数（人）Number of Service Personnel (person)	创业导师人数（人）Number of Innovation Mentors (person)	享受财政资金支持额（千元）Received Fiscial Fund Support (1000 yuan)
合　计	**Total**	**679**	**2130065**	**145302**	**6154**	**12236**	**214726**
大　连	Dalian	69	127965	8213	677	1312	12930
宁　波	Ningbo	107	363200	23215	1233	2737	74655
厦　门	Xiamen	89	201834	20433	609	1991	19436
青　岛	Qingdao	77	164475	8636	641	1651	7805
深　圳	Shenzhen	337	1272591	84805	2994	4545	99900

4-10 计划单列市众创空间服务情况

Service Statistics of Mass Maker Spaces of the Cities Listed Independently in the State Plan

地　区	Region	当年服务的创业团队数量（个）Number of Serviced Entrepreneurial Groups (unit)	当年服务的初创企业数量（个）Number of Serviced Startup Companies (unit)	举办创新创业活动（场次）Number of Activities for Business Creation and Innovation (item)	开展创业教育培训（场次）Number of Training Programs on Entrepreneurship (item)	当年获得技术支撑服务的团队和企业数量（个）Number of Groups and Startups Received Technical Support (unit)
合　计	**Total**	**15208**	**18929**	**8904**	**5812**	**7792**
大　连	Dalian	2646	1766	1212	803	976
宁　波	Ningbo	4680	5097	1716	1076	2233
厦　门	Xiamen	1737	1770	869	877	704
青　岛	Qingdao	1536	1829	1530	966	836
深　圳	Shenzhen	4609	8467	3577	2090	3043

4-10　续表 continued

地　区	Region	当年获得投融资的创业团队数（个）Number of Entrepreneurial Groups that Received Investment (unit)	当年获得投融资的初创企业数（个）Number of Startup Companies that Received Investment (unit)	创业团队当年获得投融资总额（千元）Amount of Investment Received by Entrepreneurial Groups (1000 yuan)	初创企业当年获得投融资总额（千元）Amount of Investment Received by Startup Companies (1000 yuan)
合　计	**Total**	**572**	**688**	**635924**	**6812835**
大　连	Dalian	134	26	5778	5967
宁　波	Ningbo	142	157	57968	602649
厦　门	Xiamen	69	60	64722	98808
青　岛	Qingdao	28	37	56914	968750
深　圳	Shenzhen	199	408	450543	5136661

4-11　计划单列市众创空间创业团队和企业情况
Statistics of Groups and Startups of Mass Maker Spaces of the Cities Listed Independently in the State Plan

地　区	Region	创业团队人员数（人）Number of Employment by Entrepreneurial Groups (person)	应届大学毕业生（人）Number of Recruited College Graduates (person)	常驻创业团队拥有有效知识产权数（个）Valid IPRs Held by Tenants (piece)	发明专利数（个）Invention Patents (piece)	新注册企业数（家）Newly Registered Companies (unit)
合　计	**Total**	**54514**	**6605**	**8308**	**1570**	**6169**
大　连	Dalian	9764	1196	742	38	1189
宁　波	Ningbo	15015	1600	1775	524	1604
厦　门	Xiamen	6440	605	1584	151	752
青　岛	Qingdao	5144	805	842	102	604
深　圳	Shenzhen	18151	2399	3365	755	2020

4-11 续表 continued

地 区	Region	初创企业吸纳就业人数（人）Number of Employment by Startups (person)	应届大学毕业生（人）Number of Recruited College Graduates (person)	常驻初创企业拥有有效知识产权数（个）Valid IPRs Held by Startups (piece)	发明专利数（个）Invention Patents (piece)
合 计	**Total**	**91126**	**8980**	**32230**	**5274**
大 连	Dalian	5644	565	2140	188
宁 波	Ningbo	22390	2577	4209	1130
厦 门	Xiamen	6355	617	2864	226
青 岛	Qingdao	8442	706	1455	141
深 圳	Shenzhen	48295	4515	21562	3589

4-12 计划单列市众创空间收入情况

Income Statistics of Mass Maker Space of the Cities Listed Independently in the State Plan

单位：千元 (1000 yuan)

地 区	Region	众创空间总收入 Total Income	服务收入 Service Income	房租及物业收入 Rent and Logistics Income	投资收入 Investment Income	财政补贴 Fiscal Subsidy
合 计	**Total**	**2130065**	**799236**	**929182**	**62085**	**178811**
大 连	Dalian	127965	28034	70593	1138	13191
宁 波	Ningbo	363200	61745	196447	7076	69820
厦 门	Xiamen	201834	55107	58888	27562	16765
青 岛	Qingdao	164475	130443	18686	1741	11651
深 圳	Shenzhen	1272591	523908	584568	24568	67383

4-13 计划单列市国家备案众创空间基本运营情况

General Statistics of National Mass Maker Spaces of the Cities Listed Independently in the State Plan

地 区	Region	统计众创空间数 (个) Number of Mass Maker Spaces with Data (unit)	众创空间总 收 入 (千元) Total Income of Mass Maker Spaces (1000 yuan)	提供工位数 (个) Number of Cubicles Offered (unit)	众创空间服务人员数 (人) Number of Service Personnel (person)	创业导师人 数 (人) Number of Innovation Mentors (person)	享受财政资金支持额 (千元) Received Fiscial Fund Support (1000 yuan)
合 计	**Total**	**266**	**873987**	**61865**	**2359**	**6387**	**84305**
大 连	Dalian	26	83367	3473	236	608	8900
宁 波	Ningbo	33	107975	10479	369	1105	24145
厦 门	Xiamen	36	59015	12152	259	857	6951
青 岛	Qingdao	64	149592	7630	546	1550	6855
深 圳	Shenzhen	107	474039	28131	949	2267	37454

4-14 计划单列市国家备案众创空间服务情况

Service Statistics of National Mass Maker Spaces of the Cities Listed Independently in the State Plan

地 区	Region	当年服务的创业团队数 (个) Number of Serviced Entrepreneurial Groups (unit)	当年服务的初创企业的数 (个) Number of Serviced Startup Companies (unit)	举办创新创业活动 (场次) Number of Activities for Business Creation and Innovation (item)	开展创业教育培训 (场次) Number of Training Programs on Entrepreneurship (item)	当年获得技术支撑服务的团队和企业数 (个) Number of Groups and Startups Received Technical Support (unit)
合 计	**Total**	**7699**	**9060**	**4221**	**2653**	**4136**
大 连	Dalian	1863	906	550	359	613
宁 波	Ningbo	1938	2183	656	314	962
厦 门	Xiamen	738	953	395	333	290
青 岛	Qingdao	1371	1692	1334	911	731
深 圳	Shenzhen	1789	3326	1286	736	1540

4-14 续表 continued

地 区	Region	当年获得投融资的创业团队数（个） Number of Entrepreneurial Groups that Received Investment (unit)	当年获得投融资的初创企业数（个） Number of Startup Companies that Received Investment (unit)	创业团队当年获得投融资总额（千元） Amount of Investment Received by Entrepreneurial Groups (1000 yuan)	初创企业当年获得投融资总额（千元） Amount of Investment Received by Startup Companies (1000 yuan)
合 计	**Total**	**314**	**309**	**271781**	**3703540**
大 连	Dalian	125	13	2805	4425
宁 波	Ningbo	38	61	10680	317024
厦 门	Xiamen	18	31	14715	50131
青 岛	Qingdao	27	32	56114	966566
深 圳	Shenzhen	106	172	187467	2365394

4-15 计划单列市国家备案众创空间创业团队和企业情况

Statistics of Groups and Startups of National Mass Maker Spaces of the Cities Listed Independently in the State Plan

地 区	Region	创业团队人员数（人） Number of Employment by Entrepreneurial Groups (person)	应届大学毕业生（人） Number of Recruited College Graduates (person)	常驻创业团队拥有有效知识产权数（个） Valid IPRs Held by Tenants (piece)	发明专利数（个） Invention Patents (piece)	新注册企业数（家） Newly Registered Companies (unit)
合 计	**Total**	**28296**	**3750**	**3537**	**829**	**2484**
大 连	Dalian	6866	775	143	30	505
宁 波	Ningbo	5910	626	674	261	494
厦 门	Xiamen	2451	280	580	51	346
青 岛	Qingdao	4815	694	808	102	504
深 圳	Shenzhen	8254	1375	1332	385	635

4-15 续表 continued

地 区	Region	初创企业吸纳就业人数 (人) Number of Employment by Startups (person)	应届大学毕业生 (人) Number of Recruited College Graduates (person)	常驻初创企业拥有有效知识产权数 (个) Valid IPRs Held by Startups (piece)	发明专利数 (个) Invention Patents (piece)
合 计	**Total**	**44698**	**4449**	**14930**	**2283**
大 连	Dalian	3041	301	975	125
宁 波	Ningbo	8595	1012	1607	384
厦 门	Xiamen	3209	247	681	93
青 岛	Qingdao	8030	620	1330	139
深 圳	Shenzhen	21823	2269	10337	1542

4-16 计划单列市国家备案众创空间收入情况

Income Statistics of National Mass Maker Space of the Cities Listed Independently in the State Plan

单位：千元 (1000 yuan)

地 区	Region	众创空间总收入 Total Income	服务收入 Service Income	房租及物业收入 Rent and Logistics Income	投资收入 Investment Income	财政补贴 Fiscal Subsidy
合 计	**Total**	**873987**	**384952**	**334220**	**28078**	**73082**
大 连	Dalian	83367	8931	51537		11370
宁 波	Ningbo	107975	11348	67559	6570	14028
厦 门	Xiamen	59015	16262	29709	100	7141
青 岛	Qingdao	149592	120284	17252	1741	8436
深 圳	Shenzhen	474039	228127	168162	19667	32108

第五部分

国家大学科技园

The Fifth Part

National University Science Parks

5-1 国家大学科技园主要经济指标

Main Economic Indicators of National University Science Parks

年份 Year	大学科技园（个） Number of University Science Parks (unit)	场地面积（万平方米） Space Area (10000 sq.m)	在孵企业数（个） Number of Tenants (unit)	当年新孵企业（个） New Tenants of the Year (unit)	在孵企业总收入（亿元） Total Income of Tenants (100 million yuan)	在孵企业人数（万人） Number of Employees of Tenants (10000 person)	累计毕业企业（个） Accumulated Number of Graduated Tenants (unit)
2004	42	478.4	4978	1120	226.2	6.5	1137
2005	49	500.5	6075	1213	271.9	11.0	1320
2006	62	517.0	6720	1348	295.0	13.6	1794
2007	62	528.3	6574	1359	295.1	12.9	1958
2008	68	698.2	6173	1294	247.2	12.5	2979
2009	76	814.3	6541	1396	498.9	13.9	3673
2010	86	814.5	6617	1858	221.6	12.8	4363
2011	85	766.7	6923	1673	170.5	13.1	5137
2012	94	919.4	7369	1787	206.7	13.2	5715
2013	94	775.9	8204	2028	262.1	14.7	6515
2014	115	801.7	9972	2828	361.2	16.3	7192
2015	115	745.9	10118	2837	277.2	14.6	8219
2016	115	737.8	9861	2573	289.5	13.2	9189
2017	115	793.8	10448	2696	340.0	13.7	9866
2018	115	710.1	10157	2737	325.2	12.8	10876
2019	114	599.6	9483	2820	325.7	12.3	12052
2020	115	570.7	9228	2466	332.9	11.0	13067
2021	139	618.4	10844	3029	407.5	12.5	14845
2022	139	607.2	10621	3033	374.0	11.5	16020

5-2 各地区国家大学科技园基本情况
General Statistics of National University Science Parks by Region

地区	Region	入统大学科技园数量（个）Number of University Science Parks (unit)	管理机构从业人员总数（人）Total Number of Administration Employees (person)	孵化基金总额（千元）Total Value of Incubation Fund (1000 yuan)	场地面积（平方米）Space Area (sq.m)
合计	**Total**	**139**	**3013**	**5879800**	**6072174**
东部地区	Eastern Region	76	1664	2918502	3098318
中部地区	Middle Region	20	404	533195	1643536
西部地区	Western Region	27	601	2224213	902519
东北地区	Northeast Region	16	344	203891	427801
北京	Beijing	16	428	758400	834241
天津	Tianjin	1	6		183127
河北	Hebei	3	53	20800	124196
山西	Shanxi	2	25		36805
内蒙古	Inner Mongolia	1	15	1030000	24215
辽宁	Liaoning	7	142	80530	170706
吉林	Jilin	3	28	5000	72739
黑龙江	Heilongjiang	6	174	118361	184356
上海	Shanghai	14	334	639165	441396
江苏	Jiangsu	20	386	907700	708247
浙江	Zhejiang	7	125	210695	266908
安徽	Anhui	2	45	58500	148363
福建	Fujian	2	33	50000	39765
江西	Jiangxi	4	69	39000	330037
山东	Shandong	5	127	262082	282521
河南	Henan	4	111	55150	651844
湖北	Hubei	5	104	120000	340960
湖南	Hunan	3	50	260545	135527
广东	Guangdong	6	132	61000	178889
广西	Guangxi	1	21	5000	33308
海南	Hainan	2	40	8660	39028
重庆	Chongqing	3	44	1050000	64438
四川	Sichuan	7	186	85441	393121
贵州	Guizhou	2	27	2772	59491
云南	Yunnan	2	77	15000	50753
西藏	Tibet				
陕西	Shaanxi	4	122	18000	107328
甘肃	Gansu	3	45		53208
青海	Qinghai	1	23	15000	29790
宁夏	Ningxia	1	20		17649
新疆	Xinjiang	1	11	3000	9018
新疆兵团	Xinjiang Corps	1	10		60200

5-3 各地区国家大学科技园人员情况

Personnel Distribution of National University Science Parks by Region

单位：人 (person)

地 区	Region	管理机构从业人员总数 Total Number of Administration Employees	博士 Doctor	硕士 Master	研究生学历 Post-graduate	本科 Under-graduate	大专 Junior College	留学回国人员 Returned Overseas Scholars
合 计	**Total**	**3013**	**185**	**903**	**1054**	**1628**	**232**	**115**
东部地区	Eastern Region	1664	102	526	608	894	117	79
中部地区	Middle Region	404	17	107	123	230	50	5
西部地区	Western Region	601	31	151	169	343	38	19
东北地区	Northeast Region	344	35	119	154	161	27	12
北 京	Beijing	428	28	168	190	196	31	29
天 津	Tianjin	6			2	4		
河 北	Hebei	53	6	12	18	31	3	2
山 西	Shanxi	25	3	7	10	12	3	
内 蒙 古	Inner Mongolia	15		1	1	13	1	1
辽 宁	Liaoning	142	16	56	72	55	15	6
吉 林	Jilin	28	5	7	12	14	2	
黑 龙 江	Heilongjiang	174	14	56	70	92	10	6
上 海	Shanghai	334	15	84	87	173	50	17
江 苏	Jiangsu	386	30	139	169	205	11	16
浙 江	Zhejiang	125	5	30	34	84	6	7
安 徽	Anhui	45		11	11	29	4	
福 建	Fujian	33	3	10	13	19	1	
江 西	Jiangxi	69	6	21	27	33	9	
山 东	Shandong	127	7	38	43	75	8	3
河 南	Henan	111	4	28	32	65	14	2
湖 北	Hubei	104	1	27	28	60	16	2
湖 南	Hunan	50	3	13	15	31	4	1
广 东	Guangdong	132	8	42	49	79	4	4
广 西	Guangxi	21	3	4	2	12		
海 南	Hainan	40		3	3	28	3	1
重 庆	Chongqing	44	1	12	13	29	2	
四 川	Sichuan	186	8	66	70	98	13	12
贵 州	Guizhou	27	5	8	12	11	3	
云 南	Yunnan	77	5	12	17	31		1
西 藏	Tibet							
陕 西	Shaanxi	122	3	29	32	76	6	4
甘 肃	Gansu	45	3	10	10	25	9	
青 海	Qinghai	23	1	1	2	20	1	
宁 夏	Ningxia	20	2	8	10	10		1
新 疆	Xinjiang	11				10	1	
新疆兵团	Xinjiang Corps	10				8	2	

5-4 各地区国家大学科技园孵化场地情况
Incubation Space of National University Science Parks by Region

单位：平方米 (sq.m)

地　　区	Region	总面积 Total Space Area	办公用房 Space Area for Office	孵化用房 Space Area of Incubation	研发用房 Space Area of R&D	生产用房 Space Area of Manufacturing	其他 Others
合　　计	**Total**	**6072174**	**213167**	**2943862**	**920125**	**571255**	**1423766**
东部地区	Eastern Region	3098318	128136	1660252	330255	89567	890108
中部地区	Middle Region	1643536	43449	516751	348346	425720	309270
西部地区	Western Region	902519	26078	480324	192445	42035	161637
东北地区	Northeast Region	427801	15504	286536	49078	13933	62750
北　　京	Beijing	834241	10660	262512	91779		469289
天　　津	Tianjin	183127	16958	111469	33000	16000	5700
河　　北	Hebei	124196	5263	87614	12714	9846	8759
山　　西	Shanxi	36805	5865	24117	2500	2000	2323
内 蒙 古	Inner Mongolia	24215	766	14589	933		7926
辽　　宁	Liaoning	170706	9395	101347	18936	10477	30551
吉　　林	Jilin	72739	2481	44057	3300	600	22301
黑 龙 江	Heilongjiang	184356	3628	141132	26842	2856	9898
上　　海	Shanghai	441396	34616	258503	31117	7015	110146
江　　苏	Jiangsu	708247	38994	532843	59745	35291	41374
浙　　江	Zhejiang	266908	6454	144457	25265		90731
安　　徽	Anhui	148363	20699	28611	41067	49691	8295
福　　建	Fujian	39765	1127	26775	1532		10331
江　　西	Jiangxi	330037	2869	117180	36322	116340	57326
山　　东	Shandong	282521	7292	127811	28425	15150	103843
河　　南	Henan	651844	5252	129799	178487	223401	114905
湖　　北	Hubei	340960	4269	142246	82946	2940	108559
湖　　南	Hunan	135527	4495	74797	7024	31348	17863
广　　东	Guangdong	178889	4207	98287	37732	6265	32399
广　　西	Guangxi	33308	478	27402	1724	3090	614
海　　南	Hainan	39028	2565	9981	8946		17536
重　　庆	Chongqing	64438	2650	45430	8746	1567	6045
四　　川	Sichuan	393121	5357	170024	136161	6825	74754
贵　　州	Guizhou	59491	1925	42333	6718	6190	2325
云　　南	Yunnan	50753	2072	35717	5960	6500	504
西　　藏	Tibet						
陕　　西	Shaanxi	107328	8034	63065	9247	8200	18782
甘　　肃	Gansu	53208	2165	36086	5844	5541	3572
青　　海	Qinghai	29790	873	18305	10612		
宁　　夏	Ningxia	17649	833	6194	6500	4122	
新　　疆	Xinjiang	9018	561	7257			1200
新疆兵团	Xinjiang Corps	60200	363	13922			45915

5-5 各地区国家大学科技园在孵和毕业企业情况
Incubation and Graduated Tenants Statistics of National of University Science Parks by Region

地　区 Region	在孵企业（个）Number of Tenants (unit)	当年新孵（个）New Tenants of the Year (unit)	从业人员数（人）Number of Employees (person)	总收入（千元）Total Income (1000 yuan)	工业总产值（千元）Gross Industrial Output Value (1000 yuan)	净利润（千元）Net Profit (1000 yuan)	上缴税金（千元）Taxes Submitted (1000 yuan)	累计毕业企业（个）Accumulated Number of Graduated Enterprises (unit)
合　计 Total	**10621**	**3033**	**115007**	**37400559**	**15784604**	**2516352**	**1623536**	**16020**
东部地区 Eastern Region	5872	1773	64874	24062643	11361567	1526121	1052631	10264
中部地区 Middle Region	1699	521	24655	8262144	1986369	706072	409996	1952
西部地区 Western Region	1992	475	17760	3762005	1894243	117568	118499	2288
东北地区 Northeast Region	1058	264	7718	1313767	542424	166591	42410	1516
北　京 Beijing	1232	290	11173	5038607	4117096	486428	264433	3007
天　津 Tianjin	121	65	812	284037	145972	13074	7591	10
河　北 Hebei	233	69	4232	383828	130347	40931	15347	504
山　西 Shanxi	107	17	529	54625	1750	11798	2937	120
内蒙古 Inner Mongolia	62	21	820	80413		-9153	2998	32
辽　宁 Liaoning	480	145	2935	554475	327458	63739	14712	797
吉　林 Jilin	154	12	1218	169400	75316	36002	5583	197
黑龙江 Heilongjiang	424	107	3565	589891	139649	66850	22115	522
上　海 Shanghai	1104	275	10419	4919276	1627510	-172773	140870	1386
江　苏 Jiangsu	1591	561	22007	7517679	3498138	820447	434569	2630
浙　江 Zhejiang	614	171	8747	2385549	692357	171358	89864	1231
安　徽 Anhui	172	58	1716	390705	53328	-223	25467	285
福　建 Fujian	125	65	700	200263	43528	9965	3305	59
江　西 Jiangxi	328	74	5502	1090219	403788	163661	50666	617
山　东 Shandong	342	118	2100	2062720	779675	48252	23902	502
河　南 Henan	382	88	6824	1339855	720363	82340	38487	309
湖　北 Hubei	502	236	7006	2092049	462220	190158	105607	444
湖　南 Hunan	208	48	3078	3294691	344921	258338	186832	177
广　东 Guangdong	404	117	4287	1246061	326042	111035	71929	846
广　西 Guangxi	71	12	631	85395	10223	10103	3402	47
海　南 Hainan	106	42	397	24623	902	-2596	822	89
重　庆 Chongqing	277	70	1867	251677	92021	18648	4632	405
四　川 Sichuan	585	142	6024	1435088	1216601	9180	38999	612
贵　州 Guizhou	171	29	1129	648357	140131	48832	23016	58
云　南 Yunnan	153	31	1572	632330	174129	9938	25648	187
西　藏 Tibet								
陕　西 Shaanxi	268	64	3028	384273	196965	18734	12389	509
甘　肃 Gansu	178	24	1049	128857	38763	14309	3677	271
青　海 Qinghai	57	6	359	61504	8243	-8578	1108	25
宁　夏 Ningxia	44	44	361	24912	4631	2179	1214	41
新　疆 Xinjiang	70	6	796	4750	807	930	1132	15
新疆兵团 Xinjiang Corps	56	26	124	24450	11730	2446	285	86

5-6 计划单列市国家大学科技园基本情况
General Statistics of National University Science Parks of the Cities Listed Independently in the State Plan

地 区	Region	入统大学科技园数量（个）Number of University Science Parks (unit)	管理机构从业人员总数（人）Total Number of Administration Employees (person)	孵化基金总 额（千元）Total Value of Incubation Fund (1000 yuan)	场地面积（平方米）Space Area (sq.m)
合 计	**Total**	**8**	**184**	**323082**	**245621**
大 连	Dalian	2	30	61000	44520
宁 波	Ningbo	1	20		31000
厦 门	Xiamen	1	20		21427
青 岛	Qingdao	3	69	262082	80674
深 圳	Shenzhen	1	45		68000

5-7 计划单列市国家大学科技园人员情况
Personnel Distribution of National University Science Parks of the Cities Listed Independently in the State Plan

单位：人 (person)

地 区	Region	管理机构从业人员总数 Total Number of Administration Employees	博士 Doctor	硕士 Master	研究生学历 Post-graduate	本科 Under-graduate	大专 Junior College	留学回国人员 Returned Overseas Scholars
合 计	**Total**	**184**	**18**	**64**	**80**	**92**	**11**	**4**
大 连	Dalian	30	3	12	15	14	1	2
宁 波	Ningbo	20	3	5	8	12		
厦 门	Xiamen	20	1	6	7	12	1	
青 岛	Qingdao	69	6	25	29	32	7	1
深 圳	Shenzhen	45	5	16	21	22	2	1

5-8 计划单列市国家大学科技园孵化场地情况
Incubation Space of National University Science Parks of the Cities Listed Independently in the State Plan

单位：平方米 (sq.m)

地 区	Region	总面积 Total Space Area	办公用房 Space Area for Office	孵化用房 Space Area of Incubation	研发用房 Space Area of R&D	生产用房 Space Area of Manufacturing	其他 Others
合 计	**Total**	**245621**	**8366**	**139558**	**35722**	**18527**	**43448**
大 连	Dalian	44520	2597	31773	5180	3377	1593
宁 波	Ningbo	31000	1993	19035	3180		6792
厦 门	Xiamen	21427	969	10825	1532		8101
青 岛	Qingdao	80674	1292	51454	6694	15150	6084
深 圳	Shenzhen	68000	1515	26471	19137		20878

5-9 计划单列市国家大学科技园在孵和毕业企业情况
Incubation and Graduated Tenants Statistics of National of University Science Parks of the Cities Listed Independently in the State Plan

地 区	Region	在孵企业 (个) Number of Tenants (unit)	当年新孵 (个) New Tenants of the Year (unit)	从业人员数 (人) Number of Employees (person)	总收入 (千元) Total Income (1000 yuan)	工业总产值 (千元) Gross Industrial Output Value (1000 yuan)	净利润 (千元) Net Profit (1000 yuan)	上缴税金 (千元) Taxes Submitted (1000 yuan)	累计毕业企业 (个) Accumulated Number of Graduated Enterprises (unit)
合 计	**Total**	**600**	**220**	**4950**	**1130562**	**298797**	**63322**	**31178**	**1045**
大 连	Dalian	179	42	1176	239757	87838	15543	2475	198
宁 波	Ningbo	85	44	754	162933	1956	9808	7761	220
厦 门	Xiamen	58	37	313	81633	29539	4647	1260	46
青 岛	Qingdao	187	67	1262	283858	177453	26076	4190	237
深 圳	Shenzhen	91	30	1445	362381	2011	7249	15492	344

第六部分

国家火炬软件产业基地

The Sixth Part

National Torch Software Industrial Bases

6-1 软件产业基地主要经济指标
Main Economic Indicators of Software Industrial Bases

年 份 Year	软件产业基地 （个） Number of Software Bases (unit)	基地总人数 （万人） Total Number of Employees (10000 persons)	营业收入① （亿元） Operating Revenue (100 million yuan)	利税总额 （亿元） Total Value of Profits and Taxes (100 million yuan)	出口创汇 （亿美元） Export (100 million USD)
2003	24	31.3	1143.9	132.9	4.8
2004	29	43.6	1638.0	165.4	13.2
2005	32	65.2	3375.0	351.2	48.6
2006	33	77.9	4541.0	432.0	100.0
2007	34	90.2	5213.4	1230.5	78.4
2008	35	106.4	6897.5	884.4	103.5
2009	35	129.3	7677.1	1123.5	100.5
2010	35	148.3	9204.8	1432.5	108.5
2011	38	190.9	13661.8	1926.1	222.8
2012	39	226.8	16950.9	2407.1	273.8
2013	41	264.2	20171.7	3046.3	295.9
2014	41	296.0	23792.0	3611.8	334.1
2015	43	331.6	29410.3	4227.6	348.0
2016	44	354.2	32906.8	4858.3	372.8
2017	44	383.9	39774.7	5615.0	426.9
2018	44	408.8	46423.5	6330.7	548.6
2019	44	483.6	63774.2	8070.3	558.2
2020	44	522.9	73760.5	11303.6	842.7
2021	44	574.4	86959.8	12568.5	986.8
2022	44	594.5	92004.7	12254.3	999.4

注：2014年报表制度进一步完善指标及定义，取消了“总收入”的指标，增加了“营业收入”的指标，此列2014年前所列数据为软件基地总收入汇总数据。

6-2 软件产业基地场地情况
Space Area of Software Industrial Bases

单位：万平方米 (10000 sq.m)

软件产业基地	Software Industrial Base	规划用地面积 Planned Land Area	现有用地面积 Land Area	现有建筑面积 Building Area	现有孵化面积 Incubation Area
合　计	**Total**	**26184**	**16054**	**9514**	**2554**
东部地区	Eastern Region	15386	8989	4974	1626
中部地区	Middle Region	2045	1810	1807	317
西部地区	Western Region	5017	4096	2260	382
东北地区	Northeast Region	3737	1160	473	230
北　京	Beijing	1406	1241	414	16
天　津	Tianjin	314	86	90	28
河　北	Hebei	57	19	33	20
山　西	Shanxi	100	25	63	49
内蒙古	Inner Mongolia	40	3	3	3
辽　宁	Liaoning	3515	1013	321	122
吉　林	Jilin	196	121	121	77
黑龙江	Heilongjiang	26	26	31	31
上　海	Shanghai	1448	1081	1268	693
江　苏	Jiangsu	4362	2874	936	351
浙　江	Zhejiang	170	112	193	40
安　徽	Anhui	139	59	86	35
福　建	Fujian	1435	577	688	24
江　西	Jiangxi	100	19	57	35
山　东	Shandong	3115	1679	835	143
河　南	Henan	26	26	51	16
湖　北	Hubei	180	181	450	13
湖　南	Hunan	1500	1500	1100	170
广　东	Guangdong	3079	1321	518	311
广　西	Guangxi	7	7	5	3
海　南	Hainan				
重　庆	Chongqing	119	119	407	27
四　川	Sichuan	2000	1200	600	300
贵　州	Guizhou	77	29	44	26
云　南	Yunnan	40	3	10	5
西　藏	Tibet				
陕　西	Shaanxi	2730	2730	1185	11
甘　肃	Gansu	4	4	6	6
青　海	Qinghai				
宁　夏	Ningxia				
新　疆	Xinjiang				
新疆兵团	Xinjiang Corps				

6-3 软件产业基地从业人员情况

Personnel Statistics of Software Industrial Bases

单位：人 (person)

软件产业基地	Software Industrial Base	年末基地总人数 Year End Total Number of Employees of the Base	博士学历 Doctor Degree	硕士学历 Master Degree	本科学历 Bachlor Degree
合　计	**Total**	**5945113**	**62781**	**742273**	**3717419**
东部地区	Eastern Region	4147818	39397	528038	2476336
中部地区	Middle Region	833125	12973	111446	599714
西部地区	Western Region	727452	9488	83087	472485
东北地区	Northeast Region	236718	923	19702	168884
北　京	Beijing	1148785	13857	195004	685386
天　津	Tianjin	52075	348	5282	44245
河　北	Hebei	17215	210	914	8841
山　西	Shanxi	16723	73	884	9529
内蒙古	Inner Mongolia	2641	48	206	1845
辽　宁	Liaoning	177438	474	15571	120135
吉　林	Jilin	37750	262	2916	33438
黑龙江	Heilongjiang	21530	187	1215	15311
上　海	Shanghai	515720	4772	45661	277451
江　苏	Jiangsu	502279	7168	42743	360237
浙　江	Zhejiang	488868	3341	64646	264876
安　徽	Anhui	67879	653	9871	41879
福　建	Fujian	179577	790	11049	133457
江　西	Jiangxi	34706	429	2741	24510
山　东	Shandong	403391	3719	36746	289947
河　南	Henan	15432	76	575	9770
湖　北	Hubei	359409	5900	63080	275268
湖　南	Hunan	338976	5842	34295	238758
广　东	Guangdong	839908	5192	125993	411896
广　西	Guangxi	12065	119	832	8863
海　南	Hainan				
重　庆	Chongqing	210818	2865	15276	100509
四　川	Sichuan	215187	3214	30535	168808
贵　州	Guizhou	33590	190	735	16562
云　南	Yunnan	2215	7	109	1456
西　藏	Tibet				
陕　西	Shaanxi	243600	3020	35080	169010
甘　肃	Gansu	7336	25	314	5432
青　海	Qinghai				
宁　夏	Ningxia				
新　疆	Xinjiang				
新疆兵团	Xinjiang Corps				

6-4 软件产业基地软件人员分布情况
Personnel Distribution of Software Industrial Bases

单位：人 (person)

软件产业基地	Software Industrial Base	年末软件从业人数 Number of Employees in Software Companies	有5年以上(含)软件从业经验的人员 The Staff with More than 5 Years Software Experience	软件研发人员 R&D Personnel
合　计	**Total**	**4738577**	**1495429**	**2341347**
东部地区	Eastern Region	3343612	1035006	1499449
中部地区	Middle Region	613041	218636	362614
西部地区	Western Region	588014	189757	367835
东北地区	Northeast Region	193910	52030	111449
北　京	Beijing	1148758	284331	301137
天　津	Tianjin	52075	17945	27985
河　北	Hebei	10510	4560	5400
山　西	Shanxi	7654	2232	3785
内蒙古	Inner Mongolia	2641	1121	807
辽　宁	Liaoning	153720	39130	88705
吉　林	Jilin	24589	7064	13355
黑龙江	Heilongjiang	15601	5836	9389
上　海	Shanghai	281315	83729	147165
江　苏	Jiangsu	426400	140546	145238
浙　江	Zhejiang	471241	132748	351129
安　徽	Anhui	51987	7910	15034
福　建	Fujian	141682	53046	79307
江　西	Jiangxi	19417	6009	11277
山　东	Shandong	303524	116916	199903
河　南	Henan	7668	1650	6018
湖　北	Hubei	322859	105303	237957
湖　南	Hunan	203456	95532	88543
广　东	Guangdong	508107	201185	242185
广　西	Guangxi	11322	2633	10322
海　南	Hainan			
重　庆	Chongqing	115950	32466	60294
四　川	Sichuan	200721	63578	147486
贵　州	Guizhou	25761	5900	13840
云　南	Yunnan	904	308	654
西　藏	Tibet			
陕　西	Shaanxi	224800	82500	131500
甘　肃	Gansu	5915	1251	2932
青　海	Qinghai			
宁　夏	Ningxia			
新　疆	Xinjiang			
新疆兵团	Xinjiang Corps			

6-6 软件产业基地出口和利税情况

Export Profit and Taxes of Software Industrial Bases

单位：千元 (1000 yuan)

软件产业基地	Software Industrial Base	出口总额 Export	软件出口额 Software Export	净利润 Net Profit	实际上缴税额 Taxes Submitted	减免税总额 Taxes Relief
合　计	**Total**	**672214519**	**317460908**	**836546095**	**388879593**	**162056449**
东部地区	Eastern Region	459151819	249340714	655753045	311969628	135002937
中部地区	Middle Region	18070493	14219372	42580884	24986698	11290594
西部地区	Western Region	172839407	36991424	131137869	45889419	14126899
东北地区	Northeast Region	22152799	16909398	7074297	6033848	1636020
北　京	Beijing	16380000	850000	229564012	104195080	65322895
天　津	Tianjin	1908425	1516058	14944570	7612745	1352956
河　北	Hebei	92963	45100	826336	609077	284420
山　西	Shanxi	131192	10879	686096	476262	158191
内蒙古	Inner Mongolia	9574	137	42932	40074	22417
辽　宁	Liaoning	20596900	16609011	5622195	4898652	1329811
吉　林	Jilin	242542	199871	993467	723845	222858
黑龙江	Heilongjiang	1313357	100516	458635	411351	83351
上　海	Shanghai	18752631	14802606	42851987	17027415	3752273
江　苏	Jiangsu	114453461	28011105	57761975	35718566	4247464
浙　江	Zhejiang	42367082	40086047	76132270	36433885	17166726
安　徽	Anhui	175929	25630	3287820	1783921	369290
福　建	Fujian	27120120	13589465	26677974	6938114	3495333
江　西	Jiangxi	1109953	1020169	2908521	2309869	241838
山　东	Shandong	50967484	24206595	55710426	31624744	8960410
河　南	Henan	31140	23660	1236800	460700	421600
湖　北	Hubei	13056489	10352487	26905751	14376190	8752788
湖　南	Hunan	3565790	2786547	7555896	5579756	1346887
广　东	Guangdong	187109653	126233739	151283496	71810002	30420460
广　西	Guangxi	667830	113530	563980	369315	200530
海　南	Hainan					
重　庆	Chongqing	10302762	799704	9845990	5334839	533485
四　川	Sichuan	143521620	17751751	70246136	16736061	9601447
贵　州	Guizhou	33657	23201	1265751	1299664	122455
云　南	Yunnan	830		148034	78259	4956
西　藏	Tibet					
陕　西	Shaanxi	18303100	18303100	48635100	21802100	3572100
甘　肃	Gansu	34		389945	229108	69509
青　海	Qinghai					
宁　夏	Ningxia					
新　疆	Xinjiang					
新疆兵团	Xinjiang Corps					

6-7 软件产业基地科技活动经费筹集情况
Science and Technology Activity Funding of Software Industrial Bases

单位：千元 (1000 yuan)

软件产业基地	Software Industrial Base	科技活动经费筹集总额 Science and Technology Activity Funding	企业资金 Enterprise Funds	金融机构贷款 Loans from Financial Institutions	政府部门资金 Government Funds	地方政府资金 Local Government Funds
合　计	**Total**	**1020797819**	**544566452**	**60734172**	**45185860**	**30389114**
东部地区	Eastern Region	890353501	468510283	40450495	25552354	17251302
中部地区	Middle Region	49485983	26079086	8681332	5687952	4539984
西部地区	Western Region	72081985	42232787	11428914	13330819	8246644
东北地区	Northeast Region	8876351	7744296	173430	614735	351184
北　京	Beijing	325988043	34500000	15800000	1600000	750000
天　津	Tianjin	12279166	9129843	2154240	995083	995083
河　北	Hebei	2000000	1418000	371500	86000	37500
山　西	Shanxi	749360	642181	21351	27505	20736
内蒙古	Inner Mongolia	120958	58398	49870	12690	12690
辽　宁	Liaoning	7296265	6554521	56762	411853	261320
吉　林	Jilin	890971	572533	56327	191350	87333
黑龙江	Heilongjiang	689115	617242	60341	11532	2531
上　海	Shanghai	38678041	14537628	1661711	7474797	6315166
江　苏	Jiangsu	57983757	41612227	7669910	5720253	4151080
浙　江	Zhejiang	72349055	60548971	1709610	2266334	663297
安　徽	Anhui	3128839	2238993	302827	283902	130002
福　建	Fujian	22890004	17322109	1602909	419768	268056
江　西	Jiangxi	3479995	2597371	80349	65419	50007
山　东	Shandong	137317722	74241596	7731326	3798164	3171094
河　南	Henan	786000	742400	28100	15500	15500
湖　北	Hubei	21275354	11652158	2152057	3659877	2936215
湖　南	Hunan	20066435	8205983	6096648	1635749	1387524
广　东	Guangdong	220867712	215199909	1749290	3191955	900025
广　西	Guangxi	1030620	745500	73620	211500	158600
海　南	Hainan					
重　庆	Chongqing	12120499	1283149	874678	7047569	3881227
四　川	Sichuan	15938328	6754680	5076319	2480997	1308105
贵　州	Guizhou	2069099	662915	221838	655879	575750
云　南	Yunnan	129315	104822	4567	7241	1329
西　藏	Tibet					
陕　西	Shaanxi	40170100	32162000	5101000	2907100	2302100
甘　肃	Gansu	503066	461324	27022	7843	6843
青　海	Qinghai					
宁　夏	Ningxia					
新　疆	Xinjiang					
新疆兵团	Xinjiang Corps					

6-8 软件产业基地研发支出情况
Expenditure on R&D of Software Industrial Bases

单位：千元 (1000 yuan)

软件产业基地	Software Industrial Base	科技活动经费支出总额 Expenditure on Science and Technology Activity	研究与试验发展经费支出 Expenditure on R&D	软件研发经费支出 Expenditure on Software R&D	新产品开发经费支出 Expenditure on New Product R&D
合　计	**Total**	**1020419890**	**485832419**	**361307625**	**240224599**
东部地区	Eastern Region	853349890	360444789	275613442	181958158
中部地区	Middle Region	53431812	37950461	31526322	20631232
西部地区	Western Region	105380388	80649751	49437582	34642414
东北地区	Northeast Region	8257800	6787418	4730278	2992796
北　京	Beijing	325988043	52900000	52900000	26500000
天　津	Tianjin	12279166	12279166	12279166	12279166
河　北	Hebei	1938000	1790000	1527500	1376000
山　西	Shanxi	779435	674694	444559	251270
内蒙古	Inner Mongolia	85893	85893	85893	
辽　宁	Liaoning	6901116	5597849	3832144	2478050
吉　林	Jilin	658150	568211	540511	437570
黑龙江	Heilongjiang	698534	621358	357623	77176
上　海	Shanghai	45722519	44083866	41912689	40941489
江　苏	Jiangsu	47836752	45197111	24572500	16703388
浙　江	Zhejiang	53613747	32562637	28587323	5718251
安　徽	Anhui	2834920	2293802	1907929	872924
福　建	Fujian	18714489	17673827	9201495	5969232
江　西	Jiangxi	3309087	3123881	2693041	1041748
山　东	Shandong	124138554	54035817	47155166	35552446
河　南	Henan	786000	735000	282400	157000
湖　北	Hubei	22154685	19056295	16522925	10152512
湖　南	Hunan	23567685	12066789	9675468	8155778
广　东	Guangdong	223118621	99922366	57477603	36918186
广　西	Guangxi	1010500	806000	630320	512330
海　南	Hainan				
重　庆	Chongqing	10883127	6808298	6649566	2700753
四　川	Sichuan	41981329	27923346	18438857	14628729
贵　州	Guizhou	605963	502743	311505	227416
云　南	Yunnan	144997	101415	44778	84711
西　藏	Tibet				
陕　西	Shaanxi	50121000	43961000	22851000	16412000
甘　肃	Gansu	547579	461056	425664	76475
青　海	Qinghai				
宁　夏	Ningxia				
新　疆	Xinjiang				
新疆兵团	Xinjiang Corps				

第七部分

国家火炬特色产业基地

The Seventh Part

National Torch Specialized Industrial Bases

7-1　火炬特色产业基地主要情况
General Statistics of Torch Specialized Industrial Bases

年　份 Year	统计基地数 (个) Number of Torch Industrial Bases with Data (unit)	基地内企业数 (个) Number of Tenant Enterprises (unit)	工业总产值 (亿元) Gross Industrial Output Value (100 million yuan)	总收入 (亿元) Total Income (100 million yuan)	上缴税额 (亿元) Taxes Submitted (100 million yuan)	净利润 (亿元) Net Profit (100 million yuan)	出口创汇 (亿美元) Export (100 million USD)
2003	47	4272	3603.9	3461.5	185.1	239.2	61.2
2004	79	12050	7331.2	7181.0	362.5	465.9	154.2
2005	128	17691	11765.4	11566.2	643.4	711.6	264.3
2006	133	26563	15095.6	15003.9	806.6	938.6	347.2
2007	169	39233	21925.1	22893.4	1053.7	1348.9	578.5
2008	209	49139	29153.0	28716.0	1649.5	2006.4	792.8
2009	235	67990	37183.6	36759.2	2558.5	2712.9	836.1
2010	248	82520	47583.2	47878.5	3472.9	3659.4	1116.1
2011	288	85394	60681.6	61061.4	3606.6	4472.9	1364.6
2012	314	93128	69539.1	68648.3	3844.1	4819.8	1463.7
2013	341	102893	81647.3	76521.4	4407.7	5563.6	1560.3
2014	366	118231	88227.1	85646.0	4996.5	5874.9	1744.1
2015	384	126393	92851.4	91233.1	4889.0	6115.6	1809.5
2016	413	150555	102333.4	100003.2	5514.6	6439.4	1719.1
2017	441	163364	106473.3	104652.1	5793.6	6517.1	1752.2
2018	439	177245	109928.4	108756.8	6052.4	6872.5	1875.6
2019	437	188922	111013.5	112704.0	5962.3	6684.5	1734.7
2020	471	205254	120329.7	127094.9	6035.0	7522.6	1771.8
2021	475	251689	140916.2	141352.0	7255.6	8329.9	2397.5
2022	511	186243	153033.2	161842.8	7239.7	9177.9	2149.4

注：2022年国家火炬特色产业基地数量516家，其中5家未报数据，该部分所有指标为511家基地的汇总数。

7-2 各地区火炬特色产业基地经济指标

Main Economic Indicators of Torch Specialized Industrial Bases by Region

地　区	Region	入统基地数（个）Number of Torch Industrial Bases with Data (unit)	基地内企业数（个）Number of Enterprises (unit)	工业总产值（千元）Gross Industrial Output Value (1000 yuan)	总收入（千元）Total Income (1000 yuan)	上缴税额（千元）Taxes Submmitted (1000 yuan)	净利润（千元）Net Profit (1000 yuan)	出口总额（千元）Export (1000 yuan)
合　计	**Total**	**511**	**186243**	**15303323500**	**16184281609**	**723967445**	**917792771**	**1445725220**
东部地区	Eastern Region	339	141774	10451172405	11119403863	511468334	654079948	1239211365
中部地区	Middle Region	94	26333	2801321167	2780292714	102799116	142826887	108014147
西部地区	Western Region	48	11298	1567642465	1781531828	75695204	86746565	76380107
东北地区	Northeast Region	30	6838	483187463	503053204	34004791	34139371	22119601
北　京	Beijing	1	4704	6832290	54024460	1252310	1800000	
天　津	Tianjin	10	6998	145466315	241326430	6754813	5750330	6472615
河　北	Hebei	13	1859	268554428	431923714	10694417	20809526	21070577
山　西	Shanxi	9	802	55858289	57340143	2359722	2891917	3698687
内蒙古	Inner Mongolia	4	280	103638137	150653118	3964498	11415210	5363308
辽　宁	Liaoning	15	5148	289504744	279864659	15577253	14366750	17032589
吉　林	Jilin	5	293	42788031	67859326	5533784	11607434	324356
黑龙江	Heilongjiang	10	1397	150894688	155329219	12893754	8165187	4762656
上　海	Shanghai	10	8155	320628961	463143342	13394212	25314106	46667541
江　苏	Jiangsu	145	26794	4676721147	4795390865	246275895	330164591	459529661
浙　江	Zhejiang	52	15956	1384290789	1511291502	66267620	88512479	215437884
安　徽	Anhui	23	4359	648573560	621402288	21767883	34929055	23548200
福　建	Fujian	11	5910	210178879	178064506	7123280	13967736	45470530
江　西	Jiangxi	9	8479	332776305	329888840	9542398	19935706	14350685
山　东	Shandong	69	10653	1659321740	1625288217	68599638	110035052	151428391
河　南	Henan	17	2045	261095480	263647745	10082431	19257975	11801296
湖　北	Hubei	23	8300	889972378	899111039	25916468	40540846	27458232
湖　南	Hunan	13	2348	613045155	608902659	33130214	25271388	27157047
广　东	Guangdong	28	60745	1779177856	1818950827	91106149	57726128	293134166
广　西	Guangxi	2	244	35910830	51381570	1341260	832386	289465
海　南	Hainan							
重　庆	Chongqing	7	3021	613987419	635033990	13487571	23936665	35563711
四　川	Sichuan	6	3127	324771929	341219880	17287893	20938861	23751203
贵　州	Guizhou	8	592	65791306	64048201	2213145	3305608	1258684
云　南	Yunnan	5	263	67352271	88485611	2926268	4540707	1086704
西　藏	Tibet							
陕　西	Shaanxi	8	3348	204181257	227955539	20240804	17632257	6639878
甘　肃	Gansu	3	111	57875273	115830832	3208029	1606728	215203
青　海	Qinghai							
宁　夏	Ningxia	2	97	17387519	17732660	570072	1604489	1938472
新　疆	Xinjiang	2	181	75650000	88033673	10331512	838409	273479
新疆兵团	Xinjiang Corps	1	34	1096524	1156754	124152	95245	

7-3 各地区火炬特色产业基地人员分布情况
Personnel Distribution of Torch Specialized Industrial Bases by Region

单位：人 (person)

地区	Region	企业从业人员总数 Total Number of Employees	大专以上 College and Higher Level	博士 Doctor	硕士 Master
合计	**Total**	**13485801**	**4562194**	**38276**	**259190**
东部地区	Eastern Region	10132877	3248440	30790	202093
中部地区	Middle Region	2036317	744783	4325	36627
西部地区	Western Region	949814	394623	2210	13240
东北地区	Northeast Region	366793	174348	951	7230
北京	Beijing	47000	28519	126	2019
天津	Tianjin	137507	54227	1008	5571
河北	Hebei	267317	134357	656	5623
山西	Shanxi	69958	26511	114	1668
内蒙古	Inner Mongolia	75962	56478	72	979
辽宁	Liaoning	183143	82977	589	3994
吉林	Jilin	49493	24960	69	524
黑龙江	Heilongjiang	134157	66411	293	2712
上海	Shanghai	215704	108525	2755	16259
江苏	Jiangsu	3422397	1374826	17810	112385
浙江	Zhejiang	1331909	495687	2470	15164
安徽	Anhui	521285	202546	1173	10415
福建	Fujian	911191	81542	203	2128
江西	Jiangxi	241060	37856	370	1239
山东	Shandong	1432793	577523	3844	27401
河南	Henan	312099	122461	919	4052
湖北	Hubei	514350	194284	903	9407
湖南	Hunan	377565	161125	846	9846
广东	Guangdong	2367059	393234	1918	15543
广西	Guangxi	21719	9227	29	534
海南	Hainan				
重庆	Chongqing	242130	73766	652	2446
四川	Sichuan	203353	87649	236	1745
贵州	Guizhou	95739	31696	135	2256
云南	Yunnan	27739	12642	181	1288
西藏	Tibet				
陕西	Shaanxi	166624	78788	811	3514
甘肃	Gansu	50107	25840	6	165
青海	Qinghai				
宁夏	Ningxia	12819	5757	49	204
新疆	Xinjiang	47200	9128	29	92
新疆兵团	Xinjiang Corps	6422	3652	10	17

7-4 计划单列市火炬特色产业基地经济指标

Main Economic Indicators of Torch Specialized Industrial Bases of the Cities Listed Independently in the State Plan

地 区	Region	入统基地数（个）Number of Torch Industrial Bases with Data (unit)	基地内企业数（个）Number of Enterprises (unit)	工业总产值（千元）Gross Industrial Output Value (1000 yuan)	总收入（千元）Total Income (1000 yuan)	上缴税额（千元）Taxes Submmitted (1000 yuan)	净利润（千元）Net Profit (1000 yuan)	出口总额（千元）Export (1000 yuan)
合 计	**Total**	**17**	**2789**	**374944911**	**439968711**	**17663499**	**30589343**	**66038626**
大 连	Dalian	3	419	80906705	87786230	2639085	4304284	10216678
宁 波	Ningbo	6	1018	179603320	237121060	8944570	13146124	36745643
厦 门	Xiamen	4	466	61053341	61817112	4439954	8817230	14458138
青 岛	Qingdao	4	886	53381545	53244309	1639890	4321705	4618167
深 圳	Shenzhen							

7-5 计划单列市火炬特色产业基地人员分布情况

Personnel Distribution of Torch Specialized Industrial Bases of the Cities Listed Independently in the State Plan

单位：人 (person)

地 区	Region	企业从业人员总数 Total Number of Employees	大专以上 College and Higher Level	博士 Doctor	硕士 Master
合 计	**Total**	**896041**	**102900**	**820**	**9271**
大 连	Dalian	56812	24978	139	2055
宁 波	Ningbo	165830	41559	266	1987
厦 门	Xiamen	638647	15288	119	1472
青 岛	Qingdao	34752	21075	296	3757
深 圳	Shenzhen				

第八部分

创新型产业集群

The Eighth Part

Innovative Industrial Clusters

8-1 创新型产业集群主要情况
Main Statistics of Innovative Industrial Clusters

年 份 Year	统计集群数 (个) Number of Clusters (unit)	集群内企业数 (个) Number of Tenant Enterprises (unit)	营业收入 (亿元) Operating Revenue (100 million yuan)	工业总产值 (亿元) Gross Industrial Output Value (100 million yuan)	净利润 (亿元) Net Profit (100 million yuan)	上缴税费 (亿元) Taxes Submitted (100 million yuan)	出口创汇 (亿美元) Export (100 million USD)	年末从业人员 (万人) Year End Number of Employees (10000 persons)
2014	71	12757	34546.8	31517.5	2902.1	1785.3	1432.8	296.0
2015	71	13322	37382.2	32457.6	2726.3	2245.8	1188.5	289.7
2016	70	13929	40429.9	33835.1	2924.3	2417.1	992.7	336.9
2017	109	20388	52233.7	43442.6	4082.2	3017.6	1210.4	392.7
2018	109	22177	55413.4	45697.7	4568.4	3262.3	1378.9	415.2
2019	109	23638	57396.7	45066.9	4192.6	3074.2	1124.0	419.2
2020	108	25953	62618.3	47032.3	5711.8	2995.0	1249.8	430.8
2021	146	34856	86800.2	65345.4	7557.0	3821.9	1959.1	537.9
2022	193	48397	138409.9	109630.4	11461.7	6268.4	2945.9	784.8

8-2 创新型产业集群主要经济指标

创新型产业集群	Innovative Industrial Clusters	入统集群数（个）Number of Clusters (unit)	企业总数（个）Number of Enterprises (unit)	高新技术企业数（个）Number of Hi-tech Enterprises (unit)
合　计	**Total**	**193**	**48397**	**23598**
东部地区	Eastern Region	87	29184	13509
中部地区	Middle Region	51	8660	4195
西部地区	Western Region	39	6010	3469
东北地区	Northeast Region	16	4543	2425
北　京	Beijing	2	954	515
天　津	Tianjin	6	3240	1607
河　北	Hebei	8	1814	918
山　西	Shanxi	3	315	173
内蒙古	Inner Mongolia	1	75	55
辽　宁	Liaoning	8	3823	1984
吉　林	Jilin	4	505	290
黑龙江	Heilongjiang	4	215	151
上　海	Shanghai	6	1297	633
江　苏	Jiangsu	19	6570	1862
浙　江	Zhejiang	5	1698	1183
安　徽	Anhui	7	1083	703
福　建	Fujian	5	1783	1021
江　西	Jiangxi	8	948	459
山　东	Shandong	16	2305	977
河　南	Henan	8	813	354
湖　北	Hubei	16	3726	1795
湖　南	Hunan	9	1775	711
广　东	Guangdong	20	9523	4793
广　西	Guangxi	2	367	249
海　南	Hainan			
重　庆	Chongqing	8	1027	608
四　川	Sichuan	6	1876	1516
贵　州	Guizhou	2	317	86
云　南	Yunnan	3	179	90
西　藏	Tibet			
陕　西	Shaanxi	9	1715	662
甘　肃	Gansu	2	190	104
青　海	Qinghai	3	185	53
宁　夏	Ningxia			
新　疆	Xinjiang	3	79	46

Main Economic Statistics of Innovative Industrial Clusters

营业收入（千元）Operating Revenue (1000 yuan)	出口总额（千元）Export (1000 yuan)	净利润（千元）Net Profit (1000 yuan)	上缴税费（千元）Taxes Submitted (1000 yuan)	集群人员总数（人）Total Number of Employees of Clusters (person)
13840992197	**1981459041**	**1146169683**	**626840699**	**7847586**
8597447001	1281358122	691463620	372229955	4525664
2407204053	267307565	169526100	120113619	1584416
2275355691	386974039	246861492	102060125	1223011
560985451	45819315	38318470	32437000	514495
690084179	17645092	75001720	31307443	158328
574283124	19391183	34625084	15115691	225904
507239377	34113571	36830548	23493618	288008
278212391	87357724	3260658	4542138	95126
103401582	12635682	9577648	7421683	38552
316992334	39910129	18940215	12884792	363629
101473607	1809485	16492452	8044227	75588
142519511	4099700	2885803	11507981	75278
380782161	64003707	25744727	14072527	311234
1289925386	139685627	94394364	52004664	698193
682797839	84605201	61753727	41707388	383372
368442521	18840982	29434647	15239842	275288
213683999	18121721	23144475	8690166	217177
365245803	84014168	23566495	9108218	201909
639152113	39847529	63517956	44158771	502048
229783378	11593659	20067593	7978987	154350
583360595	35866138	40667347	14432441	441226
582159366	29634894	52529360	68811993	416517
3619498823	863944492	276451019	141679687	1741400
187360385	7825406	4761963	5620306	85360
546783973	91081000	47057634	19194564	266274
524744138	189216812	58864357	25365642	336548
6982483	17409	342265	296089	12095
73367827	1267346	8193434	3817826	34467
558213046	81814877	41629348	24834274	356749
40589797	1349132	8029733	2161833	29982
129306218	112856	49222278	8059695	41396
104606242	1653520	19182833	5288213	21588

8-3 创新型产业集群主要科技活动成果情况

创新型产业集群	Innovative Industrial Clusters	研究开发人员合计 (人) Total Number of Science and Technology Activists (person)	研究开发费用支出合计 (千元) Total Expenditure on Science and Technology Expenses of Enterprises (1000 yuan)
合　计	**Total**	**1901340**	**602857792**
东部地区	Eastern Region	1242739	414687630
中部地区	Middle Region	354323	86344919
西部地区	Western Region	212436	79970802
东北地区	Northeast Region	91842	21854440
北　京	Beijing	94753	16403287
天　津	Tianjin	54313	15154113
河　北	Hebei	101282	7883727
山　西	Shanxi	11894	4783503
内蒙古	Inner Mongolia	2972	304582
辽　宁	Liaoning	67142	14578847
吉　林	Jilin	13800	4138944
黑龙江	Heilongjiang	10900	3136650
上　海	Shanghai	101856	20890371
江　苏	Jiangsu	165056	61017138
浙　江	Zhejiang	120043	50398661
安　徽	Anhui	59427	11484944
福　建	Fujian	46897	11314914
江　西	Jiangxi	44809	17483165
山　东	Shandong	128087	20708498
河　南	Henan	28575	7994994
湖　北	Hubei	90309	19630299
湖　南	Hunan	119309	24968015
广　东	Guangdong	430452	210916922
广　西	Guangxi	14115	6596115
海　南	Hainan		
重　庆	Chongqing	36335	11656974
四　川	Sichuan	75276	32225025
贵　州	Guizhou	5271	241334
云　南	Yunnan	3673	2983109
西　藏	Tibet		
陕　西	Shaanxi	61901	21635440
甘　肃	Gansu	5589	1526450
青　海	Qinghai	2940	1041329
宁　夏	Ningxia		
新　疆	Xinjiang	4364	1760443

Main Results of Science and Technology Activities of Innovative Industrial Clusters

当年授权发明专利 (件) Number of Invention Patents Granted (piece)	拥有有效发明专利 (件) Number of Valid Invention Patents (piece)	拥有注册商标 (件) Trademark in Force (piece)	当年形成国家或行业标准 (项) National or Sector Standards Formed (item)	认定登记的技术合同成交金额 (千元) Determining the Transaction Amount of the Registered Technical Contract (1000 yuan)
99946	**631250**	**483948**	**2378**	**278783604**
78401	497531	359199	1257	165061914
9673	46358	26085	351	34990274
8047	63573	88861	647	46371505
3825	23788	9803	123	32359912
10519	47555	33637	86	7213537
1706	10640	4221	62	9286847
1561	10417	17382	100	1714404
426	3014	1277	25	428321
187	748	211	29	4100
3357	19660	6512	98	26903396
145	1462	2572	7	4622488
323	2666	719	18	834028
2649	14911	17892	44	12355202
5555	40767	18589	138	11502119
8160	66796	32438	224	12490416
1892	10654	8174	63	8877834
1451	7039	29177	19	5629152
865	6081	3329	31	2995632
3071	15695	12482	200	5608790
742	4410	4296	75	1024603
1675	10641	7412	99	14911817
4073	11558	1597	58	6752067
43729	283711	193381	384	99261447
218	2942	40708	46	608586
710	7342	14789	32	2167685
3725	18168	19574	97	14473511
30	109	94	1	255720
150	1220	2659	12	647485
2637	29410	7040	218	27386334
40	2410	1453	181	254864
292	492	1425	12	263280
58	732	908	19	309941

8-4 创新型产业集群主要服务机构情况
Main Service Organizations of Innovative Industrial Clusters

单位：个 (unit)

创新型产业集群	Innovative Industrial Clusters	国家级科技企业孵化器 Number of State-level Business Incubators	国家级生产力促进中心 Number of State-level Productivity Promotion Center	国家技术转移示范机构 Number of State-level Technology Transfer Center	具有国家级资质产品检验检测机构 Number of State-level Product Inspection and Testing Organziation	研发机构 Number of Research Centers	金融服务机构 Number of Financial Services Institutions	其他服务机构 Number of Other Services Institutions	产业联盟组织数 Numbe of Industry Alliance
合　　计	**Total**	**462**	**225**	**164**	**284**	**11756**	**4951**	**3817**	**738**
东部地区	Eastern Region	249	81	74	140	6343	3074	2205	238
中部地区	Middle Region	98	81	33	59	2199	770	605	84
西部地区	Western Region	75	43	33	62	1774	717	582	124
东北地区	Northeast Region	40	20	24	23	1440	390	425	292
北　　京	Beijing	12			1	135	14	8	14
天　　津	Tianjin	15	29	4	21	372	207	105	31
河　　北	Hebei	20	8	3	4	345	181	318	18
山　　西	Shanxi	7	2	2	2	108	68	43	4
内 蒙 古	Inner Mongolia	3	1	1		40	12	11	4
辽　　宁	Liaoning	19	14	10	6	1098	263	332	283
吉　　林	Jilin	16	3	13	16	225	98	85	6
黑 龙 江	Heilongjiang	5	3	1	1	117	29	8	3
上　　海	Shanghai	8		3	5	204	104	60	30
江　　苏	Jiangsu	54	11	14	37	1149	1223	673	54
浙　　江	Zhejiang	21	6	11	12	618	403	376	12
安　　徽	Anhui	19	22	6	9	251	72	55	11
福　　建	Fujian	8	3	6	3	143	71	45	7
江　　西	Jiangxi	11	20	4	12	286	197	134	11
山　　东	Shandong	34	7	13	28	583	284	263	34
河　　南	Henan	18	4	3	20	365	85	85	9
湖　　北	Hubei	32	24	11	13	848	220	183	21
湖　　南	Hunan	11	9	7	3	341	128	105	28
广　　东	Guangdong	77	17	20	29	2794	587	357	38
广　　西	Guangxi	8	3	2	8	166	30	57	12
海　　南	Hainan								
重　　庆	Chongqing	6	5	2	8	556	109	181	29
四　　川	Sichuan	12	6	5	10	140	117	62	7
贵　　州	Guizhou	2	10		2	49	34	31	5
云　　南	Yunnan	4	1	2	3	109	60	17	8
西　　藏	Tibet								
陕　　西	Shaanxi	27	12	16	30	505	311	130	49
甘　　肃	Gansu	4	1			20	5	4	1
青　　海	Qinghai	4				150	25	74	5
宁　　夏	Ningxia								
新　　疆	Xinjiang	5	4	5	1	39	14	15	4

第九部分

全国技术市场

The Ninth Part

Technology Market in China

9-1 全国技术合同成交情况
Statistics of Technology Contract Deals in Domestic Technical Markets

年 份 Year	合同数 (项) Number of Contracts (item)	技术合同交易额 (亿元) Value of Technology Contract Deals (100 million yuan)	交易额占国内生产总值 (%) Value of Technology Contract Deals as a Percentage of Gross Domestic Product (%)
2001	229702	782.0	0.71
2002	237093	884.0	0.73
2003	267997	1084.0	0.93
2004	264638	1334.0	0.98
2005	265010	1551.0	0.85
2006	205845	1818.0	0.87
2007	220868	2226.0	0.80
2008	226343	2665.0	0.89
2009	213752	3039.0	0.91
2010	229601	3906.6	0.98
2011	256428	4763.6	1.01
2012	282242	6437.1	1.24
2013	294929	7469.1	1.31
2014	297037	8577.2	1.35
2015	307132	9835.8	1.45
2016	320437	11407.0	1.53
2017	367586	13424.2	1.62
2018	411985	17697.4	1.97
2019	484077	22398.4	2.26
2020	549353	28251.5	2.78
2021	670506	37294.3	3.26
2022	772507	47791.0	3.95

9-2 技术合同类别构成情况
Technology Contract Distribution by Category

合同类别 Category of Contract	合同数(项) Number of Contracts (item)	合同交易额(亿元) Value of Contract Deals (100 million yuan)	技术交易额(亿元) Value of Technical Deals (100 million yuan)
合计 **Total**	**772507**	**47791.0**	**30165.4**
技术开发 **Technology Development**	**271727**	**14010.8**	**11413.5**
委托开发 Commissioned Development	258179	12036.3	9966.2
合作开发 Cooperated Development	13548	1974.5	1447.3
技术转让 **Technology Transfer**	**38081**	**4001.6**	**3071.2**
技术秘密转让 Technical Secrets Transfer	11134	1925.9	1400.2
专利实施许可转让 Patent License Transfer	9590	1084.3	777.5
专利权转让 Patent Right Transfer	13489	589.9	509.5
专利申请权转让 Patent Application Right Transfer	910	71.3	69.2
计算机软件著作权转让 Computer Software Copyright Transfer	1388	99.3	98.7
集成电路布图设计专有权转让 Integrated Circuit Layout Design Exclusive Right Transfer	16	0.3	0.3
植物新品种权转让 New Species of Plants Patent Right Transfer	815	10.1	8.5
生物、医药新品种权转让 New Species of Biology and Medicine Patent Right Transfer	230	83.2	82.4
设计著作权转让 Design Copyright Transfer	32	0.5	0.5
其他 Other	477	136.7	124.5
技术咨询 **Technology Consultation**	**52955**	**966.7**	**631.3**
技术服务 **Technology Service**	**407852**	**28718.9**	**14962.2**
一般性技术服务 Normal Technology Service	403715	28613.7	14886.2
技术中介 Technology Intermediary	1623	12.2	9.1
技术培训 Technology Training	2514	92.9	67.0
技术许可 **Technology License**	**1892**	**93.0**	**87.2**

9-3 技术合同知识产权构成情况

Technology Contract Distribution by Intellectual Right

知识产权 Intellectural Right	合同数 (项) Number of Contracts (item)	合同交易额 (亿元) Value of Contract Deals (100 million yuan)	技术交易额 (亿元) Value of Technical Deals (100 million yuan)
合 计 Total	**772507**	**47791.0**	**30165.4**
技术秘密 Technology Secrets	**117688**	**8190.2**	**5765.2**
专利 Patent	**56008**	**7295.8**	**4506.0**
发明专利 Invention Patent	33289	4814.6	3125.0
实用新型专利 Utility Mode Patent	22183	2465.0	1366.1
外观设计专利 Design Patent	536	16.2	14.9
计算机软件 Computer Software	**54881**	**1820.6**	**1688.0**
植物新品种 New Species of Animals and Plants	**2823**	**47.7**	**25.3**
集成电路布图设计 IC Layout Design	**640**	**42.5**	**35.1**
生物、医药新品种 New Species of Biology and Medicine	**4693**	**219.3**	**206.9**
设计著作权 Design Copyright	**4316**	**388.5**	**235.5**
未涉及知识产权 Others	**531458**	**29786.5**	**17703.5**

9-4 技术合同技术领域构成情况
Technology Contract Distribution by Technical Field

技术领域 Technical Field	合同数 （项） Number of Contracts (item)	合同交易额 （亿元） Value of Contract Deals (100 million yuan)	技术交易额 （亿元） Value of Technical Deals (100 million yuan)
合 计 Total	**772507**	**47791.0**	**30165.4**
电子信息技术 IT Technology	238692	9619.6	8354.2
航空航天技术 Aviation and Aerospace Technology	11742	913.2	691.9
先进制造技术 Advanced Manufacture Technology	118690	8342.3	5114.9
生物、医药和医疗器械技术 Biology,Medicine and Medical Machine Technology	64431	2443.0	2083.7
新材料及其应用 Advanced Material and Application	47516	3107.1	1842.9
新能源与高效节能 New Energy and Power Saving	53024	4747.5	2278.7
环境保护与资源综合利用技术 Environment Protection and Resource Utilization Technology	57787	2699.9	1507.2
核应用技术 Nuclear Application Technology	703	95.3	81.3
农业技术 Agriculture Technology	56357	1212.9	747.3
现代交通 Modern Transportation	16580	4870.4	2451.5
城市建设与社会发展 Urban Construction and Social Development	106985	9739.9	5011.7

9-5 技术合同社会-经济目标构成情况

Technology Contract Distribution by Social and Economic Objectives

经济目标 Economic Objective	合同数 (项) Number of Contracts (item)	合同交易额 (亿元) Value of Contract Deals (100 million yuan)	技术交易额 (亿元) Value of Technical Deals (100 million yuan)
合计 Total	**772507**	**47791.0**	**30165.4**
地球和大气层的探索与利用 Earth and Atmosphere Exploration and Utility	1680	27.9	16.6
非定向研究 Nondirective Research	38705	2202.3	1497.6
工商业发展 Industry Promotion	101439	7501.4	5381.9
国防 Defense	15050	781.1	627.4
环境保护、生态建设与污染防治 Environmental Protection，Ecological Building and Pollution Prevention	48575	2709.9	1452.2
基础设施以及城市和农村规划 Infrastructure	40507	7180.2	3624.8
教育事业发展 Education Development	13426	185.3	116.9
民用空间探测及开发 Civil Aerospace Exploration	1981	76.4	56.5
能源的生产、分配和合理利用 Energy Production，Distribution and Application	55457	4686.3	2324.9
农林牧渔业发展 Farming,Forestry and Fishery	54954	1127.7	670.3
其他民用目标 Other Civil Purpose	151544	8326.4	5817.6
社会发展和社会服务 Social Development and Social Service	207631	11449.4	7252.6
卫生事业发展 Sanitation Development	41558	1536.7	1326.2

9-6 技术合同计划项目构成情况

Technology Contract Distribution by Science Program Project

计划类别 Category of Science Program	合同数 (项) Number of Contracts (item)	合同交易额 (亿元) Value of Contract Deals (100 million yuan)	技术交易额 (亿元) Value of Technical Deals (100 million yuan)
合　计 Total	**772507**	**47791.0**	**30165.4**
国家计划 National Science Program	**6979**	**229.4**	**179.5**
高技术研究发展计划(863计划) Hi-Tech Research and Development Program of China	121	5.3	4.8
国际科技合作计划 International S&T Cooperation Program	13	1.1	0.5
国际热核聚变实验堆(ITER)计划专项 ITER Program			
国家科技支撑计划 Key Technologies R&D Program	70	0.4	0.4
国家科技重大专项 National S&T Major Program	560	62.8	57.0
国家农业科技成果转化资金 Agriculture Science and Technology Achievement Transform Fund	42	0.6	0.1
国家软科学研究计划 National Soft Science Research Program	7	0.1	0.1
国家重点新产品计划 National New Product Program	88	6.5	5.1
火炬计划 Torch Program	53	0.9	0.9
基础研究计划(973计划)和国家重大科学研究计划 National Basic Research Program and National Major Scientific Research Program of China	67	5.6	4.2
科技富民强县专项行动计划 S&T Program for County and Farmer Enrichment	1	0.0	0.0
科技惠民计划 S&T Program for Public Wellbeing	1	0.0	0.0
科技基础条件平台建设 S&T Infrastructure Program	13	0.6	0.1
科技型中小企业技术创新基金 Innovation Fund for Technology-Based Small and Medium Size Enterprises	86	1.9	0.9
科研院所技术开发研究专项资金 Special Technology Development Project for Research Institutions	34	0.5	0.4
其他 Other	1998	108.7	71.3
星火计划 Spark Program	7	1.0	1.0
自然科学基金 Natural Science Fund	3813	33.0	32.3
科技兴贸行动计划 Action Plan for Promoting Trade through S&T	5	0.3	0.3
部门计划 Science Program at Ministerial Level	**7004**	**559.9**	**341.8**
省、自治区、直辖市及计划单列市计划 Provincial Level Science Program	**30734**	**2686.8**	**1119.0**
地市县计划 Region Level Science Program	**52621**	**3021.7**	**1400.3**
计划外 Others not Supported by Program	**673355**	**41267.2**	**27113.8**
师市、院校计划 Devision and University Science Program	**1814**	**26.0**	**11.0**

9-7 卖方机构构成及交易情况

Technology Contract Distribution by Technology Seller

卖方类别 Category of Technology Seller	机构数（个） Number of Seller (unit)	合同数（项） Number of Contracts (item)	成交金额（亿元） Value of Contract Deals (100 million yuan)	技术交易额（亿元） Value of Technical Deals (100 million yuan)
合 计 Total	**96043**	**772507**	**47791.0**	**30165.4**
机关法人 Governments	**283**	**1073**	**247.7**	**106.7**
事业法人 Public Organizations	**5062**	**242206**	**2411.7**	**2109.6**
科研机构 Research Institutes	2282	80433	1229.0	1085.9
高等院校 Higher Education	1181	132883	811.4	764.0
医疗、卫生 Medical and Sanitation	454	9039	86.4	74.7
其他 Other	1145	19851	285.0	185.0
社团法人 Social Organization	**295**	**1737**	**44.0**	**38.8**
企业法人 Enterprises	**88649**	**521900**	**44768.3**	**27684.9**
内资企业 Domestic Funded Enterprises	81654	492051	39641.1	23668.9
港澳台商投资企业 Enterprises with Funds from HongKong, Macao and Taiwan	1016	5274	905.8	795.1
外商投资企业 Foreign Funded Enterprises	1786	12666	2050.2	1843.8
个体经营 Private Enterprises	2536	8061	285.8	196.3
境外企业 Overseas Enterprises	1657	3848	1885.3	1180.8
自然人 Natural Person	**1129**	**3065**	**159.1**	**90.0**
其他组织 Other Organizations	**625**	**2526**	**160.2**	**135.4**

9-8 买方机构构成及交易情况

Technology Contract Distribution by Technology Buyer

买方类别 Category of Technology Buyer	合同数（项） Number of Contracts (item)	合同交易额（亿元） Value of Contract Deals (100 million yuan)	技术交易额（亿元） Value of Technical Deals (100 million yuan)
合计 Total	**772507**	**47791.0**	**30165.4**
机关法人 Governments	**91055**	**4932.1**	**2297.1**
事业法人 Public Organizations	**80364**	**2046.6**	**1340.0**
科研机构 Research Institutes	27398	541.0	491.6
高等院校 Higher Education	17167	148.7	110.9
医疗卫生 Medical and Sanitation	8275	204.0	107.4
其他 Other	27524	1152.9	630.2
社团法人 Social Organizations	**2560**	**63.1**	**42.1**
企业法人 Enterprises	**581878**	**39550.3**	**25615.3**
内资企业 Domestic Funded Enterprises	543832	34052.3	21402.2
港澳台商投资企业 Enterprises with Funds from Hongkong,Macao and Taiwan	8046	1081.1	885.8
外商投资企业 Foreign Funded Enterprises	15367	1825.2	1154.2
个体经营 Private Enterprises	10912	255.4	165.4
境外企业 Overseas Enterprises	3721	2336.4	2007.7
自然人 Natural Person	**9075**	**115.7**	**76.1**
其他组织 Other Organizations	**7575**	**1083.2**	**794.8**

9-9 重大技术合同构成情况
Key Technology Contract Composition

构成 Composition	合同数 (项) Number of Contracts (item)	成交金额 (亿元) Value of Contract Deals (100 million yuan)
一、合同类别 Category of Contracts		
合 计 Total	**40297**	**38405.0**
技术服务 Technology Service	19902	24390.7
技术开发 Technology Development	16085	9910.3
技术转让 Technology Transfer	3186	3430.5
技术咨询 Technology Consultation	925	595.8
技术许可 Technology License	199	77.7
二、技术领域 Technical Field		
合 计 Total	**40297**	**38405.0**
电子信息技术 IT Technology	8918	7167.8
先进制造技术 Advanced Manufacture	8859	5828.5
新能源与高效节能 New Energy and Energy Saving	3725	4093.7
现代交通 Modern Transportation	1576	4682.9
环境保护与资源综合利用技术 Environment Protection and Resource Comprehensive Utilization	2471	2144.5
新材料及其应用 Advanced Material and Application	3481	2373.9
生物、医药和医疗器械技术 Biology, Medicine and Medical Machine	3047	1756.9
城市建设与社会发展 Urban construction and Social Development	5801	8915.6
农业技术 Agriculture Technology	1578	590.9
航空航天技术 Aviation and Aerospace Technology	776	762.6
核应用技术 Nuclear Application Technology	65	87.7
三、知识产权 Intellectual Right		
合 计 Total	**40297**	**38405.0**
技术秘密 Technology Secrets	7007	6679.7
专利 Patents	5116	6555.7
计算机软件 Computer Software	2070	1214.0
植物新品种 New Species of Plants and Animals	93	27.8
集成电路布图设计 IC Layout Design	71	31.9
生物、医药新品种 New Species of Biology and Medical	305	154.7
设计著作权 Design Copyright	316	342.1
未涉及知识产权 Other	25319	23399.1

9-10 各省、自治区、直辖市技术合同登记情况
Technology Contract Distribution by Region

地　区	Region	合同数（项）Number of Contracts (item)	成交金额（亿元）Value of Contract Deals (100 million yuan)	排名 Ranking
合　计	**Total**	**772507**	**47791.0**	
北　京	Beijing	95061	7947.5	1
天　津	Tianjin	12514	1676.5	11
河　北	Hebei	15246	1009.7	14
山　西	Shanxi	1257	162.6	24
内蒙古	Inner Mongolia	1527	52.5	26
辽　宁	Liaoning	18687	1000.2	15
吉　林	Jilin	2564	52.6	25
黑龙江	Heilongjiang	6622	463.5	18
上　海	Shanghai	38265	4003.5	3
江　苏	Jiangsu	87353	3888.6	4
浙　江	Zhejiang	43627	2546.5	9
安　徽	Anhui	30630	2912.6	8
福　建	Fujian	17324	289.5	21
江　西	Jiangxi	10255	758.2	16
山　东	Shandong	55680	3256.0	5
河　南	Henan	22445	1025.3	13
湖　北	Hubei	77402	3040.7	7
湖　南	Hunan	45780	2544.6	10
广　东	Guangdong	47892	4525.4	2
广　西	Guangxi	5047	227.4	22
海　南	Hainan	1991	36.4	27
重　庆	Chongqing	6919	630.5	17
四　川	Sichuan	23620	1649.8	12
贵　州	Guizhou	8554	390.7	19
云　南	Yunnan	7514	219.2	23
西　藏	Tibet	194	6.2	31
陕　西	Shaanxi	68546	3053.5	6
甘　肃	Gansu	13241	338.6	20
青　海	Qinghai	1133	16.0	30
宁　夏	Ningxia	3594	34.4	28
新　疆	Xinjiang	2023	32.1	29

9-11 各省、自治区、直辖市技术交易情况

Technology Trade Statistics by Region

地区	Region	输出技术 Technology Output		吸纳技术 Technology Adoption	
		合同数（项）Number of Contracts (item)	成交金额（亿元）Value of Contract Deals (100 million yuan)	合同数（项）Number of Contracts (item)	成交金额（亿元）Value of Contract Deals (100 million yuan)
合计	**Total**	**772507**	**47791.0**	**772507**	**47791.0**
北京	Beijing	95062	7947.5	69630	4112.5
天津	Tianjin	12299	1650.9	10627	783.4
河北	Hebei	15207	1003.8	17666	1332.6
山西	Shanxi	1255	161.4	6021	536.3
内蒙古	Inner Mongolia	1519	51.3	8839	682.0
辽宁	Liaoning	18410	971.3	17510	747.0
吉林	Jilin	2546	36.9	4571	187.4
黑龙江	Heilongjiang	6616	460.2	8017	346.2
上海	Shanghai	37868	3870.7	37926	1919.3
江苏	Jiangsu	86649	2986.8	85284	5125.3
浙江	Zhejiang	43356	2435.1	49596	3111.5
安徽	Anhui	30552	2875.5	31768	2669.6
福建	Fujian	17129	259.5	18882	698.9
江西	Jiangxi	10089	733.9	12612	801.3
山东	Shandong	55481	3231.8	54987	3371.7
河南	Henan	22415	1020.7	23225	1066.5
湖北	Hubei	76995	3010.0	59533	2298.3
湖南	Hunan	45770	2542.9	38301	1676.3
广东	Guangdong	46494	3967.5	78816	5354.2
广西	Guangxi	5007	227.0	8853	581.5
海南	Hainan	1987	31.6	4639	275.5
重庆	Chongqing	6880	559.5	8981	790.2
四川	Sichuan	23555	1643.5	25753	1522.0
贵州	Guizhou	8553	390.7	10775	515.9
云南	Yunnan	7498	218.9	10385	741.2
西藏	Tibet	194	6.2	1215	182.4
陕西	Shaanxi	68537	3048.7	35139	1591.1
甘肃	Gansu	13224	335.8	13414	549.0
青海	Qinghai	1133	16.0	2651	130.5
宁夏	Ningxia	3592	34.0	5594	105.0
新疆	Xinjiang	2019	31.2	6050	707.8
香港	Hongkong	267	72.7	1317	467.9
台湾	Taiwan	281	95.1	112	9.9
澳门	Macao	33	1.8	65	15.1
国外	Overseas	4035	1860.3	3753	2785.6

9-12 计划单列市技术交易情况
Technology Trade Statistics of the Cities Listed Independently in the State Plan

地 区	Region	输出技术 Technology Output			吸纳技术 Technology Adoption		
		合同数(项) Number of Contracts (item)	成交金额(亿元) Value of Contract Deals (100 million yuan)	排名 Ranking	合同数(项) Number of Contracts (item)	成交金额(亿元) Value of Contract Deals (100 million yuan)	排名 Ranking
合 计	**Total**	**37859**	**2489.8**		**58325**	**3357.9**	
大 连	Dalian	6509	407.3	2	5467	197.1	4
宁 波	Ningbo	3971	345.0	4	6483	462.0	3
厦 门	Xiamen	7091	112.7	5	5582	156.7	5
青 岛	Qingdao	6255	388.0	3	6739	488.7	2
深 圳	Shenzhen	14033	1236.9	1	34054	2053.3	1

9-13 副省级城市技术交易情况
Technology Trade Statistics of the Deputy Provincial Level Cities

地 区	Region	输出技术 Technology Output			吸纳技术 Technology Adoption		
		合同数(项) Number of Contracts (item)	成交金额(亿元) Value of Contract Deals (100 million yuan)	排名 Ranking	合同数(项) Number of Contracts (item)	成交金额(亿元) Value of Contract Deals (100 million yuan)	排名 Ranking
合 计	**Total**	**222362**	**11084.4**		**150427**	**7172.0**	
沈 阳	Shenyang	8665	443.8	8	6875	246.4	8
长 春	Changchun	1884	28.6	10	3178	111.9	10
哈尔滨	Harbin	4302	317.4	9	4580	196.8	9
南 京	Nanjing	37234	831.4	5	23699	1019.9	2
杭 州	Hangzhou	17252	691.7	6	19073	956.7	4
武 汉	Wuhan	32284	1360.5	4	20601	767.1	5
济 南	Jinan	15943	596.8	7	10405	513.2	7
广 州	Guangzhou	22671	2474.8	2	21393	1583.7	1
成 都	Chengdu	17697	1458.1	3	15633	757.1	6
西 安	Xi'an	64430	2881.3	1	24990	1019.4	3

9-14 东部地区技术交易情况
Technology Trade Statistics of the Eastern Region

地 区	Region	输出技术 Technology Output			吸纳技术 Technology Adoption		
		合同数（项）Number of Contracts (item)	成交金额（亿元）Value of Contract Deals (100 million yuan)	排名 Ranking	合同数（项）Number of Contracts (item)	成交金额（亿元）Value of Contract Deals (100 million yuan)	排名 Ranking
合 计	**Total**	**411532**	**27385.2**		**428053**	**26085.0**	
北 京	Beijing	95062	7947.5	1	69630	4112.5	3
天 津	Tianjin	12299	1650.9	7	10627	783.4	8
河 北	Hebei	15207	1003.8	8	17666	1332.6	7
上 海	Shanghai	37868	3870.7	3	37926	1919.3	6
江 苏	Jiangsu	86649	2986.8	5	85284	5125.3	2
浙 江	Zhejiang	43356	2435.1	6	49596	3111.5	5
福 建	Fujian	17129	259.5	9	18882	698.9	9
山 东	Shandong	55481	3231.8	4	54987	3371.7	4
广 东	Guangdong	46494	3967.5	2	78816	5354.2	1
海 南	Hainan	1987	31.6	10	4639	275.5	10

9-15 中部地区技术交易情况
Technology Trade Statistics of the Middle Region

地 区	Region	输出技术 Technology Output			吸纳技术 Technology Adoption		
		合同数（项）Number of Contracts (item)	成交金额（亿元）Value of Contract Deals (100 million yuan)	排名 Ranking	合同数（项）Number of Contracts (item)	成交金额（亿元）Value of Contract Deals (100 million yuan)	排名 Ranking
合 计	**Total**	**187076**	**10344.4**		**171460**	**9048.2**	
湖 北	Hubei	76995	3010.0	1	59533	2298.3	2
安 徽	Anhui	30552	2875.5	2	31768	2669.6	1
湖 南	Hunan	45770	2542.9	3	38301	1676.3	3
河 南	Henan	22415	1020.7	4	23225	1066.5	4
江 西	Jiangxi	10089	733.9	5	12612	801.3	5
山 西	Shanxi	1255	161.4	6	6021	536.3	6

9-16 西部地区技术交易情况
Technology Trade Statistics of the Western Region

地 区	Region	输出技术 Technology Output			吸纳技术 Technology Adoption		
		合同数（项）Number of Contracts (item)	成交金额（亿元）Value of Contract Deals (100 million yuan)	排名 Ranking	合同数（项）Number of Contracts (item)	成交金额（亿元）Value of Contract Deals (100 million yuan)	排名 Ranking
合 计	**Total**	**141711**	**6563.0**		**137649**	**8098.6**	
重 庆	Chongqing	6880	559.5	3	8981	790.2	3
内蒙古	Inner Mongolia	1519	51.3	8	8839	682.0	6
四 川	Sichuan	23555	1643.5	2	25753	1522.0	2
陕 西	Shaanxi	68537	3048.7	1	35139	1591.1	1
云 南	Yunnan	7498	218.9	7	10385	741.2	4
甘 肃	Gansu	13224	335.8	5	13414	549.0	8
新 疆	Xinjiang	2019	31.2	10	6050	707.8	5
青 海	Qinghai	1133	16.0	11	2651	130.5	11
贵 州	Guizhou	8553	390.7	4	10775	515.9	9
广 西	Guangxi	5007	227.0	6	8853	581.5	7
宁 夏	Ningxia	3592	34.0	9	5594	105.0	12
西 藏	Tibet	194	6.2	12	1215	182.4	10

9-17 东北地区技术交易情况
Technology Trade Statistics of the Northeast Region

地 区	Region	输出技术 Technology Output			吸纳技术 Technology Adoption		
		合同数（项）Number of Contracts (item)	成交金额（亿元）Value of Contract Deals (100 million yuan)	排名 Ranking	合同数（项）Number of Contracts (item)	成交金额（亿元）Value of Contract Deals (100 million yuan)	排名 Ranking
合 计	**Total**	**27572**	**1468.5**		**30098**	**1280.5**	
辽 宁	Liaoning	18410	971.3	1	17510	747.0	1
黑龙江	Heilongjiang	6616	460.2	2	8017	346.2	2
吉 林	Jilin	2546	36.9	3	4571	187.4	3

9-18 环渤海地区技术交易情况
Technology Trade Statistics of the Bohai Sea Rim Region

地 区	Region	输出技术 Technology Output			吸纳技术 Technology Adoption		
		合同数（项） Number of Contracts (item)	成交金额（亿元） Value of Contract Deals (100 million yuan)	排名 Ranking	合同数（项） Number of Contracts (item)	成交金额（亿元） Value of Contract Deals (100 million yuan)	排名 Ranking
合 计	**Total**	**199233**	**15018.1**		**185280**	**11565.5**	
北 京	Beijing	95062	7947.5	1	69630	4112.5	1
辽 宁	Liaoning	18410	971.3	5	17510	747.0	5
天 津	Tianjin	12299	1650.9	3	10627	783.4	4
山 东	Shandong	55481	3231.8	2	54987	3371.7	2
内蒙古	Inner Mongolia	1519	51.3	7	8839	682.0	6
河 北	Hebei	15207	1003.8	4	17666	1332.6	3
山 西	Shanxi	1255	161.4	6	6021	536.3	7

9-19 长三角地区技术交易情况
Technology Trade Statistics of the Yangzi River Delta Region

地 区	Region	输出技术 Technology Output			吸纳技术 Technology Adoption		
		合同数（项） Number of Contracts (item)	成交金额（亿元） Value of Contract Deals (100 million yuan)	排名 Ranking	合同数（项） Number of Contracts (item)	成交金额（亿元） Value of Contract Deals (100 million yuan)	排名 Ranking
合 计	**Total**	**198425**	**12168.0**		**204574**	**12825.7**	
上 海	Shanghai	37868	3870.7	1	37926	1919.3	4
江 苏	Jiangsu	86649	2986.8	2	85284	5125.3	1
浙 江	Zhejiang	43356	2435.1	4	49596	3111.5	2
安 徽	Anhui	30552	2875.5	3	31768	2669.6	3

9-20 粤港澳大湾区技术交易情况
Technology Trade Statistics of the Pearl River Delta Region

地区	Region	输出技术 Technology Output 合同数(项) Number of Contracts (item)	输出技术 成交金额(亿元) Value of Contract Deals (100 million yuan)	输出技术 排名 Ranking	吸纳技术 Technology Adoption 合同数(项) Number of Contracts (item)	吸纳技术 成交金额(亿元) Value of Contract Deals (100 million yuan)	吸纳技术 排名 Ranking
合　计	**Total**	**45174**	**3991.2**		**75412**	**5327.9**	
广　州	Guangzhou	22671	2474.8	1	21393	1583.7	2
深　圳	Shenzhen	14033	1236.9	2	34054	2053.3	1
珠　海	Zhuhai	630	81.0	3	1933	184.2	6
佛　山	Foshan	4915	19.1	6	6503	105.4	7
惠　州	Huizhou	718	16.5	8	1487	89.7	8
东　莞	Dongguan	347	48.8	5	5404	497.1	3
中　山	Zhongshan	483	18.2	7	1293	240.5	5
江　门	Jiangmen	889	14.5	9	1383	58.4	9
肇　庆	Zhaoqing	188	6.9	10	580	32.6	10
香　港	Hong Kong	267	72.7	4	1317	467.9	4
澳　门	Macao	33	1.8	11	65	15.1	11

9-21 2018-2022年全国科技成果登记情况
Registration of Scientific and Technological Achievements in China during 2018-2022

科技成果类型 Types of Scientific and Technological Achievements	登记数量(项) Registrations Quantity (item) 2018	2019	2020	2021	2022
合计 Total	**65720**	**68562**	**76521**	**78655**	**84324**
基础理论成果 Basic Theoretical Achievements	6497	7009	7678	8791	8250
应用技术成果 Applied Technical Achievements	57618	59903	67108	68199	74438
软科学成果 Soft Science Achievements	1605	1650	1735	1665	1636

9-22 2018-2022年各类成果完成单位科技成果登记情况
Registration of Scientific and Technological Achievements by Unit during 2018-2022

完成单位类型 Type of Unit	成果数(项) Quantity (item)				
	2018	2019	2020	2021	2022
合计 Total	**65720**	**68562**	**76521**	**78655**	**84324**
独立科研机构 Independent Research Institutes	9588	9158	9513	9650	9779
大专院校 Colleges & Univerisities	11863	10567	11782	11216	10520
企业 Enterprise	28861	35511	40642	42266	49779
医疗机构 Medical Institution	7694	7585	8391	8473	7139
其他 Other	7714	5741	6193	7050	7107

9-23 2021-2022年科技成果知识产权产出情况
Output of Intellectual Property Rights of Scientific and Technological Achievements during 2021-2022

知识产权类型 Type of Intellectual Property	数量(项) Quantity (Item)		
	2021	2022	增幅(%) Increase (%)
合 计 Total	**132034**	**187139**	**41.74**
其中：已授权专利 Licensed Patent	104641	130879	25.07
发明专利 Patent for Invention	62966	107180	70.22
实用新型专利 Patent for Utility Model	45275	52662	16.32
外观设计专利 Industrial Design	1848	2339	26.57
计算机软件著作权 Software Copyright	12488	16487	32.02
其他 Other	9457	8471	-10.43

9-24 2022年全国登记科技成果课题来源

Sources of Hationally Registered Scientific and Technological Achievements in 2022

课题来源 Topic Source	成果数(项) Quantity(item)	占比 Percent(%)
合 计 **Total**	**84324**	**100.00**
国家科技计划 National Technology Program	6245	7.41
部门计划 Ministry Technology Program	5232	6.20
地方计划 Prefectural Technology Program	18544	21.99
部门基金 Science Foundation of Ministry	810	0.96
地方基金 Science Foundation of Prefectural	2651	3.14
民间基金 Science Foundation of the Non-governmental	29	0.03
国际合作 International Cooperation	58	0.07
横向委托 Transverse Commissioned	757	0.90
自选 Optional	44986	53.35
其他 Other	5012	5.94

9-25 2022年应用技术成果高新技术领域分布

Distribution of High-tech Fields of Applied Technology Achievements in 2022

高新技术领域 High-tech Field	成果数(项) Quantity(item)	占比 Percent(%)
合 计 **Total**	**74438**	**100.00**
先进制造 Advanced Manufacture	13790	18.53
电子信息 Electronic Information	8415	11.30
现代农业 Modern Agriculture	6338	8.51
生物医药与医疗器械 Biomedical and Medical Devices	5835	7.84
新材料 The New Material	7068	9.50
环境保护 The Environmental Protection	2963	3.98
新能源与节能 New Energy and Energy Conservation	3116	4.19
地球、空间与海洋 Earth, Space and Oceans	996	1.34
现代交通 Modern Transportation	1067	1.43
航空航天 Aeronautics and Astronautics	517	0.69
核应用技术 Nuclear Application Technology	139	0.19
其他 Other	24194	32.50

9-26 2022年应用技术成果应用行业分布

Industry Distribution of Applied Technology Achievements and Application Industries in 2022

应用行业 Application Industry	成果数(项) Quantity (item)	占比(%) Percent (%)
合 计 Total	**74438**	**100.00**
农、林、牧、渔业 Farming, Forestry, Animal Husbandry and Fishery	9593	12.89
采矿业 Mining Industry	1507	2.02
制造业 Manufacturing Industry	30556	41.05
电力、热力、燃气及水的生产和供应业 Production and Supply of Electricity, Heat, Gas and Water	2578	3.46
建筑业 Construction Industry	3402	4.57
交通运输、仓储和邮政业 Transportation, Warehousing and Postal Services	1823	2.45
批发和零售业 Wholesale and Retail Trade	270	0.36
金融业 Financial Industry	263	0.35
房地产业 Realty Business	79	0.11
信息传输、软件和信息技术服务业 Information Transmission, Software and Information Technology Services	6666	8.96
住宿和餐饮业 Hotels and Catering Services	130	0.17
租赁和商务服务业 Leasing and Business Services	48	0.06
科学研究和技术服务业 Scientific Research and Technology Services	6700	9.00
水利、环境和公共设施管理业 Water Conservancy, Environment and Public Facilities Management	2528	3.40
居民服务、修理和其他服务业 Residential Services, Repairs and Other Services	262	0.35
教育 Education	225	0.30
卫生和社会工作 Health and Social Work	6826	9.17
文化、体育和娱乐业 Culture, Sports and Entertainment	286	0.38
公共管理、社会保障和社会组织 Public Administration, Social Security and Social Organization	686	0.92
国际组织 International Organization	10	0.01

9-27 2022年基础理论成果应用行业分布
Industry Distribution of Basic Theoretical Achievements in 2022

应用行业 Application Industry	成果数(项) Quantity(item)	占比(%) Percent(%)
合 计 **Total**	**8249**	**100.00**
农、林、牧、渔业 Farming, Forestry, Animal Husbandry and Fishery	1123	13.61
采矿业 Mining Industry	97	1.18
制造业 Manufacturing Industry	332	4.02
电力、热力、燃气及水的生产和供应业 Production and Supply of Electricity, Heat, Gas and Water	124	1.50
建筑业 Construction Industry	102	1.24
交通运输、仓储和邮政业 Transportation, Warehousing and Postal Services	79	0.96
批发和零售业 Wholesale and Retail Trade	6	0.07
金融业 Financial Industry	21	0.25
房地产业 Realty Business	1	0.01
信息传输、软件和信息技术服务业 Information Transmission, Software and Information Technology Services	346	4.19
住宿和餐饮业 Hotels and Catering Services	1	0.01
租赁和商务服务业 Leasing and Business Services	18	0.22
科学研究和技术服务业 Scientific Research and Technology Services	2584	31.33
水利、环境和公共设施管理业 Water Conservancy, Environment and Public Facilities Management	315	3.82
居民服务、修理和其他服务业 Residential Services, Repairs and Other Services	6	0.07
教育 Education	147	1.78
卫生和社会工作 Health and Social Work	2876	34.86
文化、体育和娱乐业 Culture, Sports and Entertainment	28	0.34
公共管理、社会保障和社会组织 Public Administration, Social Security and Social Organization	42	0.51
国际组织 International Organization	1	0.01

9-28　2022年软科学成果应用行业分布
Industry Distribution of Soft Science Achievements in 2022

应用行业 Application Industry	成果数(项) Quantity (Item)	占比(%) Percent(%)
合　计 Total	**1585**	**100.00**
农、林、牧、渔业 Farming, Forestry, Animal Husbandry and Fishery	129	8.14
采矿业 Mining Industry	100	6.31
制造业 Manufacturing Industry	70	4.42
电力、热力、燃气及水的生产和供应业 Production and Supply of Electricity, Heat, Gas and Water	14	0.88
建筑业 Construction Industry	28	1.77
交通运输、仓储和邮政业 Transportation, Warehousing and Postal Services	37	2.33
批发和零售业 Wholesale and Retail Trade	5	0.32
金融业 Financial Industry	30	1.89
房地产业 Realty Business	7	0.44
信息传输、软件和信息技术服务业 Information Transmission, Software and Information Technology Services	66	4.16
住宿和餐饮业 Hotels and Catering Services		
租赁和商务服务业 Leasing and Business Services	9	0.57
科学研究和技术服务业 Scientific Research and Technology Services	478	30.16
水利、环境和公共设施管理业 Water Conservancy, Environment and Public Facilities Management	149	9.40
居民服务、修理和其他服务业 Residential Services, Repairs and Other Services	5	0.32
教育 Education	66	4.16
卫生和社会工作 Health and Social Work	216	13.63
文化、体育和娱乐业 Culture, Sports and Entertainment	27	1.70
公共管理、社会保障和社会组织 Public Administration, Social Security and Social Organization	146	9.21
国际组织 International Organization	3	0.19

9-29 2021-2022年各省、自治区、直辖市科技成果登记情况
Registration of Scientific and Technological Achievements by Region during 2021-2022

单位：项 (item)

地区	Region	总数 Total		基础理论成果 Basic Theoretical Achievements		应用技术成果 Applied Technical Achievements		软科学成果 Soft Science Achievements	
		2021	2022	2021	2022	2021	2022	2021	2022
合　计	**Total**	**70845**	**76996**	**7487**	**7257**	**62127**	**68494**	**1231**	**1245**
东部地区	Eastern Region	22059	22766	3253	3158	18264	19094	542	514
中部地区	Middle Region	26310	31835	741	957	25195	30611	374	267
西部地区	Western Region	19630	20663	2799	2806	16587	17449	244	408
东北地区	Northeast Region	2846	1732	694	336	2081	1340	71	56
北　京	Beijing	196	1139	22	202	168	923	6	14
天　津	Tianjin	1972	1703	329	307	1618	1386	25	10
河　北	Hebei	2795	2432	129	110	2621	2287	45	35
山　西	Shanxi	1320	1339	179	427	977	821	164	91
内蒙古	Inner Mongolia	1062	1148	304	226	748	912	10	10
辽　宁	Liaoning	186	260	10	8	174	246	2	6
吉　林	Jilin	682	358	36	9	620	331	26	18
黑龙江	Heilongjiang	1978	1114	648	319	1287	763	43	32
上　海	Shanghai	849	751	83	68	717	636	49	47
江　苏	Jiangsu	930	888	173	152	752	731	5	5
浙　江	Zhejiang	7470	7965	652	525	6672	7318	146	122
安　徽	Anhui	17755	23049	67	81	17584	22874	104	94
福　建	Fujian	507	418	50	28	442	382	15	8
江　西	Jiangxi	1218	1705	190	265	1028	1440		
山　东	Shandong	3475	3796	852	831	2559	2929	64	36
河　南	Henan	2992	2409	207	106	2747	2265	38	38
湖　北	Hubei	2096	2247	70	73	1983	2146	43	28
湖　南	Hunan	929	1086	28	5	876	1065	25	16
广　东	Guangdong	3702	3505	927	859	2589	2409	186	237
广　西	Guangxi	7014	6715	605	490	6402	6218	7	7
海　南	Hainan	163	169	36	76	126	93	1	
重　庆	Chongqing	1485	1918	27	63	1413	1781	45	74
四　川	Sichuan	2338	2754	479	554	1828	2164	31	36
贵　州	Guizhou	199	193	63	42	135	146	1	5
云　南	Yunnan	598	447	23	19	560	422	15	6
西　藏	Tibet	7	5		2	7	3		
陕　西	Shaanxi	3312	3693	354	389	2903	3176	55	128
甘　肃	Gansu	1618	1851	456	618	1140	1188	22	45
青　海	Qinghai	898	547	235	137	635	393	28	17
宁　夏	Ningxia	628	802	166	118	442	628	20	56
新　疆	Xinjiang	400	490	85	131	305	340	10	19
新疆兵团	Xinjiang Corps	71	100	2	17	69	78		5

9-30 2021-2022年计划单列市科技成果登记情况

Registration of Scientific and Technological Achievements of the Cities Listed Independently in the State Plan during 2021-2022

单位：项 (item)

地 区	Region	总数 Total		基础理论成果 Basic Theoretical Achievements		应用技术成果 Applied Technical Achievements		软科学成果 Soft Science Achievements	
		2021	2022	2021	2022	2021	2022	2021	2022
合 计	**Total**	**2205**	**1813**	**612**	**413**	**1548**	**1360**	**45**	**40**
大 连	Dalian	180	236	10	8	168	222	2	6
宁 波	Ningbo	1036	900	430	269	566	600	40	31
厦 门	Xiamen	351	272	42	19	309	253		
青 岛	Qingdao	409	405	126	117	281	285	2	3
深 圳	Shenzhen	229		4		224		1	

第十部分

国家技术转移机构

The Tenth Part

National Technology Transfer Centers

10-1　各地区国家技术转移机构法人构成情况
Distribution of Organization Type of National Technology Transfer Centers by Region

单位：个 (unit)

地　区	Region	机构总数① Number of National Technology Transfer Centers	企业法人 Number of Enterprises	事业法人 Number of Public Organizations	社团法人 Number of Social Organizations	民办非企业 Number of Private Non-enterprise Organizations	内设机构 Number of Internal Organizations
合　计	**Total**	**385**	**187**	**91**	**2**	**8**	**97**
东部地区	Eastern Region	222	116	44		5	57
中部地区	Middle Region	41	17	12			12
西部地区	Western Region	87	39	28	2	3	15
东北地区	Northeast Region	35	15	7			13
北　京	Beijing	50	29	4		1	16
天　津	Tianjin	10	3	4			3
河　北	Hebei	11	3	4			4
山　西	Shanxi	5	1	2			2
内蒙古	Inner Mongolia	2	2				
辽　宁	Liaoning	15	8	1			6
吉　林	Jiling	10	4	2			4
黑龙江	Heilongjiang	10	3	4			3
上　海	Shanghai	23	14	3			6
江　苏	Jiangsu	42	20	6			16
浙　江	Zhejiang	25	14	8		1	2
安　徽	Anhui	12	4	4			4
福　建	Fujian	10	5	3			2
江　西	Jiangxi	4	3				1
山　东	Shandong	23	14	5			4
河　南	Henan	6	3	3			
湖　北	Hubei	10	4	3			3
湖　南	Hunan	4	2				2
广　东	Guangdong	28	14	7		3	4
广　西	Guangxi	6	2	3		1	
海　南	Hainan						
重　庆	Chongqing	8	1	5	1		1
四　川	Sichuan	22	10	4		2	6
贵　州	Guizhou	2	1	1			
云　南	Yunnan	6	4	1			1
西　藏	Tibet						
陕　西	Shaanxi	21	10	7	1		3
甘　肃	Gansu	7	5	2			
青　海	Qinghai	3	1	2			
宁　夏	Ningxia						
新　疆	Xinjiang	10	3	3			4

注：①此统计数据包含5个计划单列市。

10-2 各地区国家技术转移机构人员构成情况

Personnel Statistics of National Technology Transfer Centers by Region

单位：人 (person)

地区	Region	总人数 Total Number of Employees	大学本科及以上 With University Education and Above	硕士以上 With Postgraduate and Above	中级职称及以上 With Mid-level Professional Titles and Above	高级职称 Higt-level Professional Title	技术经纪人 Number of Private Non-enterprise Organization
合计	**Total**	**56549**	**17365**	**27069**	**15057**	**16356**	**5038**
东部地区	Eastern Region	36608	11283	15838	8717	8597	3345
中部地区	Middle Region	7409	1513	5109	2335	3019	365
西部地区	Western Region	10624	3971	5065	3414	4076	951
东北地区	Northeast Region	1908	598	1057	591	664	377
北京	Beijing	7757	1484	2447	1262	1398	511
天津	Tianjin	730	298	347	272	247	97
河北	Hebei	506	217	209	176	248	127
山西	Shanxi	632	206	377	183	242	42
内蒙古	Inner Mongolia	68	25	22	25	4	6
辽宁	Liaoning	943	182	636	321	379	140
吉林	Jiling	514	203	266	167	191	69
黑龙江	Heilongjiang	451	213	155	103	94	168
上海	Shanghai	9189	2232	5989	2399	3328	315
江苏	Jiangsu	6076	2412	2859	2325	1767	775
浙江	Zhejiang	4224	1269	1029	618	330	695
安徽	Anhui	2616	440	1656	738	909	88
福建	Fujian	261	155	63	68	43	102
江西	Jiangxi	215	82	102	66	72	34
山东	Shandong	2586	846	1095	691	504	363
河南	Henan	232	144	65	85	56	80
湖北	Hubei	3610	617	2833	1223	1725	85
湖南	Hunan	104	24	76	40	15	36
广东	Guangdong	5279	2370	1800	906	732	360
广西	Guangxi	729	353	78	282	108	56
海南	Hainan						
重庆	Chongqing	1141	621	357	418	406	65
四川	Sichuan	1285	553	501	411	315	289
贵州	Guizhou	40	17	20	16	13	8
云南	Yunnan	382	234	114	141	94	73
西藏	Tibet						
陕西	Shaanxi	3976	1021	2726	1362	1955	271
甘肃	Gansu	1408	628	403	342	444	65
青海	Qinghai	333	95	184	81	134	58
宁夏	Ningxia						
新疆	Xinjiang	1262	424	660	336	603	60

统计说明：
此统计数据包含5个计划单列市
东部地区：北京市、天津市、河北省、上海市、江苏省、浙江省、福建省、山东省、广东省、海南省
东北地区：辽宁省、吉林省、黑龙江省
中部地区：山西省、安徽省、江西省、河南省、湖北省、湖南省
西部地区：内蒙古自治区、广西壮族自治区、重庆市、四川省、贵州省、云南省、西藏自治区、陕西省、甘肃省、青海省、宁夏回族自治区、新疆维吾尔自治区(新疆+新疆兵团)

10-3 各地区国家技术转移机构促成技术转移情况

Technology Transfer Promotion Statistics of National Technology Transfer Centers by Region

单位：项 (item)

地 区	Region	促成项目成交总数 Total Number of Projects Traded	战略性新兴产业项目成交数量 Number of Strategic Emerging Industry Projects	公共财政项目成交数量 Number of Public Financed Projects	国际技术转移项目成交数量 Number of International Technology Transfer Projects	重大技术转移项目成交数量 Number of Key Technology Transfer Projects
合 计	**Total**	**146006**	**79724**	**20936**	**1763**	**2806**
东部地区	Eastern Region	95232	47980	12408	1540	1378
中部地区	Middle Region	20183	15447	2817	68	453
西部地区	Western Region	19611	9326	4267	116	632
东北地区	Northeast Region	10980	6971	1444	39	343
北 京	Beijing	15913	8280	2274	462	319
天 津	Tianjin	4371	3209	230	88	90
河 北	Hebei	3943	2325	1119	3	19
山 西	Shanxi	947	366	9	9	56
内蒙古	Inner Mongolia	80	71	2	1	6
辽 宁	Liaoning	3731	2129	477	14	282
吉 林	Jiling	2306	478	954	5	19
黑龙江	Heilongjiang	4943	4364	13	20	42
上 海	Shanghai	10622	7929	1806	697	178
江 苏	Jiangsu	23989	13706	3859	103	281
浙 江	Zhejiang	7875	5031	452	106	152
安 徽	Anhui	3833	3307	572	15	66
福 建	Fujian	1969	951	498	5	21
江 西	Jiangxi	820	608	99		6
山 东	Shandong	7416	5088	1540	60	285
河 南	Henan	377	315	34	8	7
湖 北	Hubei	12573	9636	1886	21	214
湖 南	Hunan	1633	1215	217	15	104
广 东	Guangdong	19134	1461	630	16	33
广 西	Guangxi	152	76		2	54
海 南	Hainan					
重 庆	Chongqing	512	189	13	9	7
四 川	Sichuan	10007	5831	1573	76	405
贵 州	Guizhou	556	189	128		24
云 南	Yunnan	3273	525	1695	5	6
西 藏	Tibet					
陕 西	Shaanxi	3747	2038	579	5	115
甘 肃	Gansu	494	225	41		4
青 海	Qinghai	155	97	57		2
宁 夏	Ningxia					
新 疆	Xinjiang	635	85	179	18	9

统计说明：
此统计数据包含5个计划单列市
东部地区：北京市、天津市、河北省、上海市、江苏省、浙江省、福建省、山东省、广东省、海南省
东北地区：辽宁省、吉林省、黑龙江省
中部地区：山西省、安徽省、江西省、河南省、湖北省、湖南省
西部地区：内蒙古自治区、广西壮族自治区、重庆市、四川省、贵州省、云南省、西藏自治区、陕西省、甘肃省、青海省、宁夏回族自治区、新疆维吾尔自治区(新疆+新疆兵团)

10-3 续表 Continued

单位：千元 (1000yuan)

地　区 Region	促成项目成交总金额 Total Transaction Value of Projects Traded	战略性新兴产业项目成交金额 Transaction Value of Strategic Emerging Industry Projects	公共财政项目成交金额 Transaction Value of Public Financed Projects	国际技术转移项目成交金额 Transaction Value of International Technology Transfer Projects	重大技术转移项目成交金额 Transaction Value of Key Technology Transfer Projects
合　计 Total	**200613652.4**	**131224129.5**	**23000681.1**	**38272623.6**	**101328495.7**
东部地区 Eastern Region	127333393.3	99288843.8	13934019.3	37507080.5	67154162.6
中部地区 Middle Region	19035769.0	9429487.1	2944792.3	277464.8	6342104.8
西部地区 Western Region	41788831.8	15336066.8	5794571.8	476658.0	21447067.7
东北地区 Northeast Region	12455658.3	7169731.8	327297.7	11420.3	6385160.6
北　京 Beijing	28300231.3	18536744.6	5220741.7	898878.5	16162916.0
天　津 Tianjin	3522172.8	2767480.4	97456.1	53731.2	871151.3
河　北 Hebei	1270366.9	943130.8	298416.6	668.6	182534.9
山　西 Shanxi	5278727.0	1127259.1	2184.8	11320.0	751891.8
内蒙古 Inner Mongolia	364650.0	241300.0	50000.0		73350.0
辽　宁 Liaoning	2089719.7	1177628.0	127229.8	6850.3	1117604.8
吉　林 Jiling	1003116.0	535078.8	152595.0	1250.0	163520.3
黑龙江 Heilongjiang	9362822.6	5457025.0	47472.9	3320.0	5104035.5
上　海 Shanghai	30086094.3	23815799.5	3507074.3	275461.0	6538889.7
江　苏 Jiangsu	10588171.9	6234752.3	2369088.0	569244.9	2090834.9
浙　江 Zhejiang	5090786.1	3030953.9	339135.3	90022.5	1832315.4
安　徽 Anhui	2240273.8	2044839.5	698845.5	4574.2	718870.0
福　建 Fujian	1037545.0	617586.1	158424.3	7914.6	162963.5
江　西 Jiangxi	390073.8	274183.7	46406.8		43480.0
山　东 Shandong	9883383.0	6137333.9	1166191.2	1136059.2	4210221.0
河　南 Henan	653635.2	617646.5	215112.7	57539.1	288797.3
湖　北 Hubei	5974496.2	3406357.5	636233.4	14795.2	2551364.6
湖　南 Hunan	4498563.0	1959200.8	1346009.1	189236.3	1987701.1
广　东 Guangdong	37554642.0	37205062.3	777491.8	34475100.0	35102335.9
广　西 Guangxi	2436427.1	871940.5		29080.0	2180301.2
海　南 Hainan					
重　庆 Chongqing	206325.3	61000.5	33000.0		24030.0
四　川 Sichuan	27458967.4	11633758.8	1851351.7	414089.1	16963545.9
贵　州 Guizhou	248100.0	67840.0	52200.0		83610.0
云　南 Yunnan	753768.2	367384.5	345069.2	15719.9	69244.0
西　藏 Tibet					
陕　西 Shaanxi	9667619.1	1824751.0	3335222.9	1440.0	1955172.3
甘　肃 Gansu	164668.3	84617.1	12875.9		38717.9
青　海 Qinghai	209542.3	142768.6	76088.1		4000.0
宁　夏 Ningxia					
新　疆 Xinjiang	278764.1	40705.8	38764.0	16329.0	55096.4

10-4 各地区国家技术转移机构服务情况
Service Statistics of National Technology Transfer Centers by Region

地　区	Region	组织交易活动(次) Number of Trading Activities Organized (item)	组织技术转移培训(次) Number of Technology Transfer Training Organized (item)	服务企业数量(家) Number of Served Enterprises (unit)	解决企业需求(项) Number of Solved Business Needs (item)
合　计	**Total**	**15096**	**379879**	**275827**	**214654**
东部地区	Eastern Region	10080	250823	178081	161235
中部地区	Middle Region	1021	44332	21957	13974
西部地区	Western Region	2830	75333	65559	31525
东北地区	Northeast Region	1165	9391	10230	7920
北　京	Beijing	1583	73660	24922	36475
天　津	Tianjin	622	15400	4245	4241
河　北	Hebei	206	3945	5407	3597
山　西	Shanxi	72	1894	650	686
内蒙古	Inner Mongolia	89	1093	478	82
辽　宁	Liaoning	725	2651	3001	2811
吉　林	Jiling	270	3075	2320	1676
黑龙江	Heilongjiang	170	3665	4909	3433
上　海	Shanghai	647	9505	22194	40231
江　苏	Jiangsu	3763	38436	39564	29800
浙　江	Zhejiang	1484	51056	28770	15896
安　徽	Anhui	419	16473	11575	3847
福　建	Fujian	316	21753	25040	4624
江　西	Jiangxi	120	3240	1558	1751
山　东	Shandong	737	7277	7040	5735
河　南	Henan	62	18159	2582	864
湖　北	Hubei	274	3598	3805	3790
湖　南	Hunan	74	968	1787	3036
广　东	Guangdong	722	29791	20899	20636
广　西	Guangxi	101	9954	7035	352
海　南	Hainan				
重　庆	Chongqing	160	4219	10997	1009
四　川	Sichuan	1350	33241	22044	16162
贵　州	Guizhou	25	200	481	563
云　南	Yunnan	78	1453	2810	2107
西　藏	Tibet				
陕　西	Shaanxi	909	19126	17856	8657
甘　肃	Gansu	38	640	1013	928
青　海	Qinghai	15	2582	304	100
宁　夏	Ningxia				
新　疆	Xinjiang	65	2825	2541	1565

统计说明：
此统计数据包含5个计划单列市
东部地区：北京市、天津市、河北省、上海市、江苏省、浙江省、福建省、山东省、广东省、海南省
东北地区：辽宁省、吉林省、黑龙江省
中部地区：山西省、安徽省、江西省、河南省、湖北省、湖南省
西部地区：内蒙古自治区、广西壮族自治区、重庆市、四川省、贵州省、云南省、西藏自治区、陕西省、甘肃省、青海省、宁夏回族自治区、新疆维吾尔自治区(新疆+新疆兵团)

10-5 计划单列市国家技术转移机构法人构成情况

Distribution of Organization Type of National Technology Transfer Centers of the Cities Listed Independently in the State Plan

单位：个 (unit)

城　市	City	机构总数 Number of National Technology Transfer Centers	企业法人 Number of Enterprises	事业法人 Number of Public Organizations	社团法人 Number of Social Organizations	民办非企业 Number of Private Non-enterprise Organizations	内设机构 Number of Internal Organizations
合　计	**Total**	**31**	**16**	**7**		**2**	**6**
大　连	Dalian	6	1	1			4
宁　波	Ningbo	6	3	2			1
厦　门	Xiamen	2	2				
青　岛	Qingdao	8	6	1			1
深　圳	Shenzhen	9	4	3		2	

10-6 计划单列市国家技术转移机构人员构成情况

Personnel Statistics of National Technology Transfer Centers of the Cities Listed Independently in the State Plan

单位：人 (person)

城　市	City	总人数 Total Number of Employees	大学本科及以上 With University Education and Above	中级职称及以上 With Mid-level Professional Titles and Above	技术经纪人 Number of Private Non-enterprise Organizations
合　计	**Total**	**1417**	**1265**	**832**	**348**
大　连	Dalian	448	404	347	65
宁　波	Ningbo	302	266	201	80
厦　门	Xiamen	113	84	20	31
青　岛	Qingdao	266	243	187	126
深　圳	Shenzhen	288	268	77	46

10-7 计划单列市国家技术转移机构促成技术转移情况

Technology Transfer Promotion Statistics of National Technology Transfer Centers of the Cities Listed Independently in the State Plan

单位：项 (item)

城市	City	促成项目成交总数 Total Number of Projects Traded	战略性新兴产业项目成交数量 Number of Strategic Emerging Industry Projects	公共财政项目成交数量 Number of Public Financed Projects	国际技术转移项目成交数量 Number of International Technology Transfer Projects	重大技术转移项目成交数量 Number of Key Technology Transfer Projects
合计	**Total**	**3703**	**2385**	**814**	**26**	**254**
大连	Dalian	958	561	198	2	173
宁波	Ningbo	773	372	41	4	16
厦门	Xiamen	127	115		2	1
青岛	Qingdao	1394	901	246	15	56
深圳	Shenzhen	451	436	329	3	8

10-7 续表 Continued

单位：千元 (1000 yuan)

城市	City	促成项目成交总金额 Total Transaction Value of Projects Traded	战略性新兴产业项目成交金额 Transaction Value of Strategic Emerging Industry Projects	公共财政项目成交金额 Transaction Value of Public Financed Projects	国际技术转移项目成交金额 Transaction Value of International Technology Transfer Projects	重大技术转移项目成交金额 Transaction Value of Key Technology Transfer Projects
合计	**Total**	**507510.1**	**304286.3**	**73380.6**	**68814.2**	**257881.6**
大连	Dalian	66375.7	46160.0	7565.8	124.0	40210.1
宁波	Ningbo	96496.8	34120.2	11277.0	910.0	39400.0
厦门	Xiamen	12481.7	11474.5		550.0	1500.0
青岛	Qingdao	275464.9	156612.6	14832.7	67035.2	155177.0
深圳	Shenzhen	56691.0	55919.0	39705.1	195.0	21594.5

10-8 计划单列市国家技术转移机构服务情况
Service Statistics of National Technology Transfer Centers of the Cities Listed Independently in the State Plan

城　　市 City	组织交易活动（次）Number of Trading Activities Organized (item)	组织技术转移培训（次）Number of Technology Transfer Training Organized (item)	服务企业数量（家）Number of Served Enterprises (unit)	解决企业需求（项）Number of Solved Business Needs (item)
合　计 Total	**898**	**34088**	**35244**	**10322**
大　连 Dalian	228	1616	1316	973
宁　波 Ningbo	269	12890	7114	5858
厦　门 Xiamen	22	14182	21702	331
青　岛 Qingdao	241	2899	3239	1477
深　圳 Shenzhen	138	2501	1873	1683

第十一部分

主要指标解释

The Eleventh Part

Explanatory Notes on Main Indicators

主要指标解释

工业总产值：指工业企业在报告期内生产的以货币形式表现的工业最终产品和提供工业劳务活动的总价值量。由本期生产成品价值、对外加工费收入、自制半成品在制品期末期初差额价值。

本期生产成品价值：指企业在报告期生产，经检验合格的已销售和准备销售的全部工业成品（半成品）价值合计。成品价值中包括企业生产的自制设备及提供给本企业在建工程、其他非工业部门和生活福利部门等单位使用的成品价值，但不包括用订货者来料加工的成品（半成品）价值。

对外加工费收入：指企业在报告期完成的对外承做的工业品加工（包括用订货者来料加工生产）的加工费收入和对外工业品修理作业所收取的加工费收入和对内非工业部门提供的加工修理、设备安装等收入。对外加工费收入中不包括销项税额。

自制半成品在制品期末期初差额价值：为了使工业总产值与工业中间投入中的物耗价值一致，以便同口径地计算工业增加值，规定本指标的计算原则是：凡是企业会计产品成本核算中计算半成品、在制品成本，则工业总产值中必须包括自制半成品在制品期末期初差额价值。反之亦然。

营业收入：指企业经营主要业务和其他业务所确认的收入总额。营业收入合计包括“主营业务收入”和“其他业务收入”。

技术收入：指企业全年用于技术转让、技术承包、技术咨询与服务、技术入股、中试产品收入以及接受外单位委托的科研收入等。

产品销售收入：指企业全年销售全部产成品、自制半成品和提供劳务等所取得的收入。

商品销售收入：指企业销售以出售为目的而购入的非本企业生产产品的销售收入。

实际上缴税费总额：指企业实际上缴的各项税金、特种基金和附加费等。

流动资产：指企业可以在一年内或者超过一年的一个生产周期内变现或者耗用的资产，包括现金及各种存款、短期投资，应收及预付款项．存货等。

年末资产：指企业在报告年末拥有或控制的能以货币计量的经济资源，包括各种财产、债权和其他权利。资产按其流动性（即资产的变现能力和支付能力）划分为：流动资产、长期投资、固定资产、无形资产、递延资产和其他资产。

年末负债：按会计报表的流动负债与长期负债之和填写。

年末从业人员数：指在报告期末，在企业中从事劳动并取得劳动报酬或经营收入的全部劳动力。

科技活动人员合计：指企业内部直接参加科技项目以及项目的管理人员和直接服务的人员。不包括全年累计从事科技活动时间不足制度工作时间 10%的人员。

科技活动经费内部支出：指报告年内用于科技活动的实际支出，包括劳务费、科研业务费、科研管理费，非基建投资构建的固定资产、科研基建支出以及其他用于科技活动的支出。不包括生产性活动支出、归还贷款支出及转拨外单位支出。反映科技投入实际完成情况。

R&D 经费内部支出：指调查单位在报告年度用于内部开展 R&D 活动的实际支出。包括用于 R&D 项目（课题）活动的直接支出，以及间接用于 R&D 活动的管理费、服务费、与 R&D 有关的基本建设支出以及外协加工费等。不包括生产性活动支出、归还贷款支出以及与外单位合作或委托外单位进行 R&D 活动而转拨给对方的经费支出。

发明专利：指对产品、方法或者其改进所提出的新的技术方案。是国际通行的反映拥有自主知识产权技术的核心指标。

实用新型：指对产品的形状、构造或者其结合所提出的适于实用的新的技术方案。反映具有一定技术含量的技术成果情况。

外观设计：指对产品的形状、图案、色彩或者其结合所作出的富有美感并适于工业上应用的新设计。反映拥有自主知识产权的外观设计成果情况。

应用技术成果：应用技术成果主要是指针对某一特定的实际应用目的，为获得新的科学技术知识而进行的独创性研究。应用研究通常是为了确定基础研究成果或知识的可能用途，或是为达到某一具体的、预定的实际目的确定新的方法（原理）或途径。计算机软件、植物新品种、集成电路布图设计成果列入此类。

基础理论成果：基础理论成果是指为获得新知识而进行的独创性研究。其目的是揭示观察到的现象和事实的基本原理和规律，而不以任何特定的实际应用为目的。基础理论类图书列入此类。

软科学成果：软科学成果是指为推动决策科学化和管理现代化，运用现代科学技术手段，所取得的为解决各种复杂自然现象和社会问题的方案。它包括发展战略、规划、预测、项目评价、可行性论证、对策分析管理方案和理论方法等。

登记科技成果：符合《科技成果登记办法》中规定的登记条件，经省（部）级科技成果管理部门审查、登记的科技成果，包括国家科技计划项目、研究主体自发项目。

Explanatory Notes on Main Indicators

Gross Industrial Output Value refers to the total volume of final industrial products produced and industrial services provided during a given period in monetary terms. Gross industrial output value is composed of value of the finished products during the reference period, income from processing for external parties, and value of change in semi-finished products between the end and the beginning of the reference period.

Value of finished products during the reference period refers to the value of all finished (semi-finished) industrial products that are produced during the reference period, checked for acceptance, and sold or ready to sell, including the value of own-produced equipment and the value of products provided to the projects under construction of the enterprise, and to other non-industrial or welfare units, but excluding the value of finished products (semi-finished products) that are produced using the materials from the clients who place the orders.

Income from external processing refers to income from contracted external processing of industrial products (including processing of industrial products using materials from the clients), the income from industrial repairing work provided to other parties, and income from processing, repairing, installation of equipment provided to non-industrial units within the enterprises. Income from external processing does not include value-added tax.

Value of change in semi-finished products between the end and the beginning of the reference period is calculated according to the principle that if the enterprise accounting includes the cost of semi-finished products, then the value of change should be included in the gross industrial output value, and vice versa. This is to keep the value of goods consumption of gross industrial output value and that of industrial intermediate inputs the same, so that the industrial added value is calculated in the same caliber.

Operating Revenue refers to the sum of various incomes from main business and other operations. It is consisted of "revenue from principal business" and "revenue from other business".

Technology Income refers to income of enterprises from technology transfer, technology contract, technology consultation and service, technology investment, pilot product sale and income from scientific research entrusted by other units over the year.

Income of Product Sales refers to income from sales of all finished products, self-made semi-finished products and income of services provided by enterprises over the year.

Income of Commodity Sales refers to sales income from products purchased by enterprises for the purpose of sale and not produced by enterprises themselves.

Total Taxes and Fees Actually Submitted refers to various taxes, special funds and extra charges actually submitted by enterprises.

Current Assets refer to assets that can be cashed or disposed of in one year or one production period of more than one year, including cash and various deposits, short-term investment, accounts receivable or in advance payment, and inventory etc.

Assets by the end of Year refers to the economic resources that can be calculated in monetary terms held or controlled by enterprises by the end of the reference year, including property in various forms, creditor's rights and other rights. Assets are divided into the following categories according to its liquidity (i. e., cashability and capacity to pay): current assets, long-term investments, fixed assets, intangible assets, deferred assets and other assets.

Liabilities by the end of Year refer to the sum of current liabilities and long-term liabilities in the financial statement.

Number of Employed Personnel by the end of Year refers to the number of all the labor force who is engaged in gainful employment in tenant enterprises and thus receive remuneration payment or earn business income by the end of the reference year.

Total Number of Personnel Engaged in Science and Technology Activities refers to the number of personnel in the enterprises who are directly engaged in implementation of S&T projects or management of and direct services to the projects. Excluding the personnel who commit less than 10% of their work time to S&T activities accumulatively over the year.

Intramural Expenditures on Science and Technology Activities refer to the real expenditure of surveyed units on their own S&T activities including expenditure on labor, scientific research, management of scientific research, fixed assets excluding capital construction, expenditure on infrastructure for scientific research activities and other expenditure on S&T activities. Excluding the expenditure on production activities, return of loan, and fees transferred to cooperated and entrusted agencies. This indicator reflects the actual completion status of S&T input.

Intramural Expenditure of Funds on R&D refers to the real expenditure of surveyed units on their own R&D activities including direct expenditure on R&D activities in projects, indirect expenditure of management and services on R&D activities, expenditure on capital construction and material processing by others. Excluding the expenditure on production activities, return of loan, and fees transferred to cooperated and entrusted agencies on R&D activities.

Patented Inventions refer to new technical proposals to the products or methods or their modifications. This is universal core indicator reflecting the technologies with independent intellectual property.

Patented Utility Models refer to the practical and new technical proposals on the shape and structure of the product or the combination of both. This indicator reflects the condition of technical results with certain technical content.

Designs refer to the aesthetics and industrially applicable new designs for the shape, pattern and color of the product, or their combinations. This indicator reflects the appearance design achievements with independent intellectual property.

Applied Technical Achievements refer to the original research carried out for a specific practical application purpose in order to obtain new scientific and technological knowledge. Applied research is usually to determine the possible use of basic research results or knowledge, or to determine new methods (principles) or approaches to achieve a specific and predetermined practical purpose. Computer software, new plant varieties and integrated circuit layout design achievements are included in this category.

Basic Theoretical Achievements refer to the original research carried out in order to obtain new knowledge. Its purpose is to reveal the basic principles and laws of observed phenomena and facts, rather than any specific practical application. Basic theory books are included in this category.

Soft Science Achievements refer to the solutions to various complex natural phenomena and social problems obtained by using modern scientific and technological means to promote scientific decision-making and management modernization. It includes development strategy, planning, forecasting, project evaluation, feasibility demonstration, countermeasure analysis and management plan and theoretical methods.

Registration of scientific and technological achievements refer to the scientific and technological achievements that meet the registration requirements stipulated in the "Measures for the Registration of Scientific and Technological Achievements" and have been reviewed and registered by the provincial (ministerial) scientific and technological management department, which include national science and technology plan projects and projects supported by research unit.